멀구슬

|민수호 시집|

청옥

詩人의 말

　지금까지 살아오면서 아마도 이 시집을 내기 전, 상상의 시를 수백 편은 썼을 것이다.
　산청 시골에 태어나 학창시절, 중년시절, 신 중년이 된 오늘도, 항상 생각하고 실천하고 또 후회스럽고, 삶이 돌고 도는데도 생각은, 몸은, 정신은 따라가지를 못하는 것이 인생이라 하였던가?

　부모 형제들에게 잘하지도 못하고… 살아온 세월을 아쉬워하면 뭐하랴…!
　비비고 소통하고 진솔하게 살아온 세월을 버팀 삼아, 이 시집을 내고 보니 무슨 비판을 들을까 하는, 두려우면서도 한편으로는 당당해지고 싶다.
　생각을 글로 표현하고 표현을 증거 삼아 나를 정의하는, 살아온 지난 일보다 살아갈 내일들을 글로써 또 하나의 새로운 시를 더 잘 쓰기로 맘 잡아 본다.

　사랑하는 나의 주변의 귀하신 분들에게 일일이 마음속으로 수십 번씩 절을 합니다.

특히 국제펜클럽 부회장을 역임하시고 현재 한국문인협회 부이사장이신 강희근 시인님과, (사) 산청함양사건 유족회 정재원 이사장(회장), 경호문학 송진현 회장님, (주) 지산특수건설 김영문 회장님, 부산 청옥문학 최경식 회장님과 부산시인협회 박혜숙 사무국장님, 청옥의 핵심 인재님 등 여러분들에게 진심으로 감사를 드립니다.

서정적 시는 만들어지는 것이 아니고 유전 인자 속에서 태어난다고 하는데, 늦둥이 시인으로서 세상을, 정치를, 삶을, 조금은 긍정적이고 싶었으나 어쩔 수 없이 비판적인 글도 많았던 것 같다. 어느 연예인이 "긍정적인 思考者는 비행기를 만들고, 부정적인 思考者는 낙하산을 만든다."고 하였지만….

갈수록 글 쓰는 재주가 많이 부족함을 절감한다.
다음에는 좀 더 잘 함에 도달될 수 있도록, 노력을 더 하는 맘을 다짐해 본다.

2016년 7월
산청에서 민 수호 저자

차례 ● ● ●

┃詩人의 말 · 3

제1부 내 인생 부모

12월의 생각 …………………………… 13
5월의 꽃가루 …………………………… 14
속初會 속초 원정遠征 …………………… 16
가슴속의 사랑은 ………………………… 17
개터보 …………………………………… 18
겨울 오는 소리 ………………………… 20
결혼 예단豫緞 …………………………… 22
경진기업, 정일 ………………………… 24
고려 공민왕 예의판서
  - 민안부 산청 시조 조상을 기리며 - ………… 26
겨울밤에 ………………………………… 28
고추 ……………………………………… 29
공장이 있는 존재 ……………………… 30
구형왕 능 ……………………………… 32
굳은살 …………………………………… 34
그리움 …………………………………… 35
그대에게 ………………………………… 36
끈 ………………………………………… 38
낙동강 살리기 43공구 ………………… 40
내 인생 부모 …………………………… 42

제2부 멀구슬은 신중년이다

너와 나 ······················· 47
단풍 ························· 48
독도는 일편단심 ··············· 50
옥순아! ······················· 52
동창회 ······················· 54
라이프 싸이클 법칙 ············· 56
막내아들의 결혼 ··············· 58
만남의 詩人 ··················· 60
만리포 해수욕장 ··············· 62
말의 홍수 ····················· 64
멀구슬 ······················· 66
멀구슬은 신중년이다
 - 2014 멀구슬회 총회에 부쳐 - ····· 68
민짜두채 ····················· 70
배신의 마니아 ················· 72
백면서생白面書生 ··············· 74
법칙 ························· 76
몽돌 해수욕장 ················· 77
부산의 눈[雪] ·················· 78
봉숭아 ······················· 80

제3부 산에 핀 야생화

분노 …………………………………… 83
詩人의 詩 …………………………… 84
브렉시트Brexit ……………………… 86
사랑과 행복 ………………………… 88
비 ……………………………………… 90
사랑이 낳은 情 …………………… 91
사이(틈) …………………………… 92
사랑 ………………………………… 94
산山 ………………………………… 95
산청 귀거래 ……………………… 96
상상력 …………………………… 98
새벽에 …………………………… 100
새벽 눈 ………………………… 102
새 희망 ………………………… 104
생각省覺 ………………………… 106
선거 …………………………… 108
세상 타이틀 그날 …………… 110
산에 핀 야생화 ……………… 112

제4부 아버지 사랑

소통疏通 ··· 115
세월 너에게 ··· 116
술이 지나간 자리 ·· 118
시인은 ··· 120
아까시나무의 추억 ·· 122
아들 ··· 123
아버지 사랑 ·· 124
어느 검사님은 ··· 126
어느 구름에 ·· 128
어머니 남호댁 ··· 130
어머니 생각 ·· 132
여름 생각 ··· 134
왕산과 서하향토사
　- 서하향토사 발간에 즈음하여 - ············· 136
용서의 쿠폰 ·· 138
위장 전입 ··· 140
음양오행과 숫자와의 관계 ····························· 142
아침 인간 ··· 147
인연 ··· 148
장산 폭포수 ·· 149
장수풍뎅이 ··· 150

제5부 참새 추억

존재 이유 ………………………………… 155
저녁노을 ………………………………… 156
주상 마을 ………………………………… 158
진식이 …………………………………… 160
참새 추억 ………………………………… 162
천리포 수목원 …………………………… 164
파리 목숨 ………………………………… 166
풍구風具 ………………………………… 168
필봉산 아래 숨 타일 …………………… 170
지리산 …………………………………… 172
함박눈 …………………………………… 173
해운대 장산艮山 ………………………… 174
그 함성 …………………………………… 176
해운대 …………………………………… 177
행복의 줄기 ……………………………… 178
행운은 올 거야 …………………………… 180

제6부 산청·함양, 거창 사건

산청·함양, 거창 사건의 〈배상 특별법〉
〈국회 입법〉 건의서 ··················· 183
감사하는 (유족회 활동) ··················· 188
호강 ··················· 190
방곡리에는 ··················· 192
운명 정재원 ··················· 194
지리산을 품고 살아온 산청·함양 사건 ········ 196
합동추모合同追慕 ··················· 200

┃추천 축하의 말 / 정재원·202

┃고향 공동체의 서정과 역사
  - 민수호 시인의 시세계 - / 강희근·204

제1부

내 인생 부모

12월의 생각

밤새도록 웅장한 소리를 내며
무말랭이 바구니에도
호박 말랭이 바구니에도

질투심을 뿌려서 사방팔방으로
날려 보낸다는 그이는
바람이 아닌 12월의 자연이다

한 해는 가기 싫어도 가는 거고
12월은 어차피 너와 나를
뒤돌아보게도 한다

살아온 세월만큼으로
살아갈 미래들을 생각해보며
A 자로 반듯하게 세워본다

알다가도 모를 생각들이
복잡하게 헝클어지면서도
또 한 해가 새롭게 정리가 된다.

2015년을 보내며. 2015. 12. 31.

5월의 꽃가루

소나무 꽃가루가
검은 머리 위에
신작로 바닥에
눈 앞에서 날아 오른다

아직은 용기 없어 어린양
부리며 핀
버드나무 이파리

파랗지도
노랗지도 않은
나뭇잎 위에도 애교 떨며 애무를 한다

어차피 순진해 보인다

송홧가루 노랗게 내려앉은
어머니 사랑 같은
온화한 가슴으로

아지랑이 같은
사랑을 비빈다
생각한다

세월을 자신하고
인생을 큰소리쳤는데
남은 생을
더 자신만만했는데

지난해 오월을

반성하고 자숙한다

지금 너와 나의
송홧가루처럼
노랗게 익은 사랑을

가슴으로
눈으로 만지며
조용히 겸손하게
5월과 같이
걸어가고 싶다.

2014. 5. 2. 04시.

今初會 속초 원정遠征

선밸리 있는 동해의 속초
금서초등 동문의 써클 모임*
王山의 뱃속에서 태어나고 자라서

이 눈치 저 눈치 눈 딱 감고
학맥學脈이 지역인가 지독히 사랑해
同門의 울타리 둘러놓고 소통한다

40대에서 80대 선후배 5개 조
신이 나고 흥이 나고 동해 바다,
멋있는 하늘 타고 동문은 행복하다

금서초등학교 개교
100년史를 준비 한다
금초회가 앞장서고 등불이 되라.

* 금서초등학교 동문 골프모임의 2회차 원정을 강원도 속초 선밸리 cc에서 5개조가 모임을 하였다.

2013. 6. 25~26.

가슴속의 사랑은

생각하는 미래가 항상 신비롭듯이
오늘보다 내일이 희망이듯이
그리움을 붙잡고 달려가듯이

사랑하는 임에게 애교 떨며 혼합한다
대책도 없이 혼자서 야단법석이다
사랑하는 역사도 아무것도 모르면서

천년만년 너만을 사랑한다고
철부지 같은 순수함으로
그믐달 같은 속삭임에 또 감동한다

처음이자 마지막이다
장미꽃 같은 아름다움으로
비행기 같은 생각 속으로 숨는다

달리다가 걷다가 조용히 사라진다.
가슴 끝에서 달리다가 제대로 매달린다
눈 끝에서도 생각 끝에서도 똑같다.

2013. 10. 20. 해운대 바닷가에서.

*개터보

6·70년대 논에 물을 확보하는 길은
엄천강 물 막아 모내기를 하던 시절 있었지
통신 시설 하나 없었던 시절
목소리 큰 보대감이 유일한 알림 수단

간선 마을 먼당에서 이른 아침
"개터보 막으로 오소"~
"개터보 막으로 오소"~
수십 차례 목이 터져라 외쳐대고 사라진다.

바가 하도 많이 와갖고**
보의 돌들이 떠내려갔기 때문이다
아, 개터 봇물로 쌀농사 짓는 수답 가진 농민은
우쭐히 자랑삼아 흥얼대고

천수답 쌀농사 짓는 농민은 목줄 태우고
한숨 지며, 하늘만 쳐다보다가 "하지"를 넘어
겨우 모내기를 마치는 게 허다하였으니,

지금은 '한국 농어촌 공사'로 발전되어(예정) 관리되니
위장 몸 속으로 들어갈 쌀농사, 본전도 안 되지만
봇대감의 "개터보 막으로 오소"~ 이 목소리는
영원히 들을 수가 없다.

* 개터보: 경남 산청군 금서면 화계리(화산)에 속해있는 지명과 보 명칭.

** 와갖고: '와서, 왔으므로, 와 가지고'의 지방 말.

겨울 오는 소리

바람이 거세게 소리 씽씽 내며 불어오고 있다
저 바람 소리만 들어도 마음은 이미 춥다
춥다는 것은 귀와 생각으로부터 온몸에 온다

사람이 살아가는 삶에도 따뜻함보다는
춥다는 것의 의미를 더 팍팍하게 느끼는 법인데
가깝고도 먼 산과 거리에 마음을 잠시 걸어두면

잘살고 못살고 할 것 없이 난롯불 같은 그리움을
자기 맘대로 실컷 만지다가 살며시 내려놓고 만다
역 대기실 구석진 곳에 몸 놓을 공간 하나 찾는다

해운대 바닷가 가물*이 보이는 수평선 하늘 위에서도
구름과 바람과 파도는 신나게 뒤섞여 노닐다가
마지막 사라져 갈 곳을 향해 인정사정없이 씽씽대며 온다

수평선 위의 구름과 바람에도 넉넉한 태양은
모두가 부족富族들에게는 아부하고 미소 지으며
구석진 햇빛까지 모두 거느리고 사라져 버린다

아, 겨울바람은 참으로 야속도 하다.

* 가물: '햇무리'의 방언.
* 겨울에는 팍팍한 삶을 살아가는 어려운 서민들에게는 더 겨울이라는 생각을 하면서. 2013. 12. 13.

결혼 예단豫緞

곱게 키우고 곱게 자란 공주들
다섯 공주나 키워
둘째 공주 먼저 선보고 상견하고
날 잡고, 혼수 예단이 오고 가고

고사리, 어린 고사리가 천사가 되어
진달래 꽃잎으로 들어가는 날은 6월 9일
새 한복 입고 송도 앞바다 보금자리로
완성의 성인 되는 절차가 솔솔 진행되니

장하다. 그래도 너무 장하다
천석꾼 신랑 만나 하늘같이 바다같이
문익점 원조같이 포근한 그 가정으로
행복함이 비만하도록 넘친다

딸 키워 시린 가슴 이제는 하얀 창공으로 나른다
이 세상 인류의 역사가 순리대로 이어진다
애교는 침묵으로 구멍 내며
영원불멸 사랑으로 밝아라 창창하리라

새색시가 되고 온 누리에 유일한 그 미소를
그 믿음으로 사랑받은 진이 공주야
자자손손 인류를 창조하고 잉태하고,
가문家門 가정 더욱 빛내어 주옵소서

예단! 오히려
과분하게 진정성으로 엄청 더 사랑을 받았네
이 예단이 무엇인가요?

"새사람 들어가오니 모든 게 서툴고 부족 합니다."
"잘 좀 봐 주실래요?"
"그럼. 그럼요 만사 오케이다,"
"여기가 공주의 새집이야."
"참으로 고맙소이다 예쁘게 잘 키워 주셔서."

경진기업, 정일

산전수전 모두 넘어 숨소리도 닦달하며 걸어온 인생인데,
산업화 자원화 기초 되는 수지랑 폐품이랑 공장 하며
긁어 모은다
아들이랑 딸이랑 형제랑 살길, 등불로 열어 사심 없이 만들어 주었는데,
아직도 내 인생 나이테고 뭐고 너희들 젊음이 안 부럽다
무궁무진 열정으로 달려나갈 그림, 한창 계속 그리고 있었는데,

밤새 끙끙이다 이상하다 힘이 달린다 불길한 자각증상이?
얼른 일어나 이상 증상 호소하며 달구지 부른다 용기 내어 부른다
수많은 임이 고장 난 몸으로 다시 불붙기를 희망하며
바동거리는 집
종합 병원으로 간다

온몸을 쪼이며 만져 보니만 上王의 그 머릿속에
수백 개 중 한 핏줄이 이상하다 이상해
거 참 신통하고 기이하다 꼬여서 항복降伏한 한 줄기가
고장이다
혓바닥이 이상하니 말소리도 쿵쿵 숨어든다

침묵이, 눈빛이, 어둠의 엉덩이처럼 무거워진다
이게 바로 종합병원 입원이구나 참으로 겁이 난다

우리 인생 바로 보면 하늘 아래 땅 위에 누군들 안전하랴
생각을 한다 머릿속의 실타래가 더욱 복잡해진다
무궁무진 긁어모으는 설계를 이제는 과감하게 내려놓고
자자손손 이어지도록 할 의무가 여기와 거기에 있다

의사, 보조 의사, 간호사, 간호조무사, 간병인 모든 기술자가
눈빛으로 주사를 막 놓으니 누워있는 상왕上王은 별 수
없이 한숨을 보인다
언제쯤 나가요 자꾸만 채근한다.
기술자는 "때가 되면 자동으로 해방 됩니다." 반복만 한다

고대해서 삶터로 나와 보니 용맹성이 호랑이 담배 필 때
생각이다
맘뿐이다 힘이 없다. 사람 보는 눈싸움이 시리다
상왕上王은 73년 전에 어머니 속을 졸업했었지
아~ 사랑하는 이 세상~ 사랑하는 정일.

* 부산 강서구의 경진기업, 70 넘은 김정일 사장을 생각하며.

고려 공민왕 예의판서
 － 민안부 산청 시조 조상을 기리며 －

1392년 이성계의 조선건국
군사 쿠데타로 조선을
이 사건에 항거한
72 두문동 충신들을

인명은 재천이라
산청군 생초면 대포리에
피신한 구사일생

회한과 한스러운 충절을
진상하고 기도할
왕산이 있음에,
만경대에 올라

개성에 두고 온 나라 걱정
초하루, 보름마다 올라
나라도, 임금도 무탈하시라고
절하며 살았으니

지팡이 만경대에 올려놓고
기도한 백의종군 백성이 된
높은 閔안부가 있었으니

역사는 기억한다
역사는 미래의 거울인 것을

이 충절의 끈을
잊어서는 안 되는
역사는 우리의 오늘이 아닌가.

겨울밤에

묵직이 내려앉은
캄캄한 밤은 조용하다
눈 감고 생각하면 보인다

생각하는 긴 밤에는
맘껏 휘감고 돌고 싶은
물레방아 같은 믿음이다

저녁 이슬이 얼음 되는
새벽 지난 아침에는
한 톨배기 가시가 송송한
밤송이가 되지만

그래도
겨울밤이 지고 나면
꽃피고 아지랑이 태어나는
봄날은 오겠지요

우리와 너와 나는

고추

고랑 만들고 모종 심어
지주 세우고 약도 치고
땀 정성 수백을 받는다

탱탱한 푸른 열매가
빨간 립스틱같이
탐스럽게 가을로 익는다

수명을 단절시키고
손수레에 힘껏 담아
직사각형 박스*에 전기 꼽고
4,320분 전기고문 당해도
매운 눈물만큼의 기본은 간직하니

너도나도 즐겨 찾는
가을 수확 세상의 꽃이 되어
무 배추 포옹하며 다시 살아나니

사내아이의 상징 매움의 대명사
자연 세상 빨간 매력은,
흙 사랑 농부의 파노라마다.

* 직사각형 박스: 고추 건조기, 55도에 72시간 건조.

공장이 있는 존재

지구상에는
수십억 명의 사람들이 살고

먹고
자고
입고…

이런 필요한 것을
만들기 위해
수…많은 것들이 일사불란하다

돈은 겨우
의식주의 도구인데도

싸우고 파괴하고
끝이 없는 손과 머리와 몸으로
부딪치며 아파하는
아우성이 아닌가

이런 현상을 돌리니
또 먹고 사는 퍼즐이 줄 서는
삶의 울타리,
공장이 있는 것인가.

구형왕 능

1,483년이나 된
가락국 마지막 왕릉

패망이라 하지만
병사들을 더는
목숨희생 안 해야되겠다는
사랑이었으리

"나라도 못 지킨 왕이 되었으니,
내가 죽거들랑 돌무덤으로 하라."
는 유언 때문에
오늘의 저 돌무덤이 되었으니

1,483여 년 전의 (서기 532년)
가락국 마지막 왕
구형왕(김유신 장군의 증조부)

지금 세상에서 본받고
시사하는 바가 크지 않은가

인권을
생명을 논하기 전에
세상사
권력자들은,

오늘의 대한민국의
권력 나리들은
여기 와서
백성 사랑을 반드시
머리 숙여서 보아라

산청군 금서면 화계 마을에 있는
구형왕 능에

이 고장의 선조가 된
희생된 병사들의 죽음에
왕산 아래 우리 후손들은
언제쯤이나 그 은덕을
만질 수가 있단 말인가

와서 배우라

굳은살

발뒤꿈치의 살이 아니다
발가락의 살도 아니다
손가락의 굳은살도 아니다

세상을 살아오며
희로애락 없는 사람
어디 있겠는가

기쁘고 슬프고 즐거움을 안고
나는 농촌에 귀향해서
조용히 사는 의미의 깊이에

삶의 굳은살이
가슴에
생각에
마음에
울퉁불퉁한 굳은살이 박였다

짹짹거리는 참새들도
논배미에 날아 앉은 두루미도
푸 드 득 나른다.

그리움

하루해가 지고 나면
내일은 언제나 오는데
그리움은 숨결처럼
따라 다닌다

그리움도, 사랑도, 아쉬움도
다시는 안 올 것처럼 가더니만
또다시 왔다가 가버리는구나

이제는
싸늘한 겨울이건 캄캄한 밤이건
후덥한 열대야이건
갈 테면 가고 올 테면 오너라

오고 가는 너에게
맘대로 편하게
고스란히 조용히

내버려 두련다.

그대에게

이 세상은 음과 양의 조화다
남자와 여자는 세상 존재의 기본이다
사랑의 파노라마다

차이가 난다
아무리 생각해도 마음을 포개도
눈을 포개며 시작하는 사랑은
가책이 아닌가

차이가 있다
잘해주고 무엇이든 다해줄
그럴 자신이 없다는 걸
그대는 모르는 차이

칡넝쿨 같은 사랑이라도 하자 한다
무슨 생각이 그리도 많으냐 한다
다 해주고 싶은데 해줄 수 없는 현실
그래서 사랑을 받을 수가 없는 행복한 고민
먼 후일 잘해줄 수가 없는

그대에게 철저히 실망하게 하는 거보다
지금 섭섭하게 해야 옳은 거 아닐까
오늘도 내일도 웃으며 고민한다

그대여!
이 귀한 만남을
다음 세상 태어나면
로또 같은 보따리 풀어
그대를 위하여 그대만을 위하여
사랑 하고 싶어라

끈

산다는 거는
눈 떠 있다는 거는
생각한다는 거는

보이지도 않고
만질 수도 없는
희망의 끈이라는

끈을 가진 사람이
더 힘든 일이 와도
깜깜한 어둠 속에서도

하늘과
땅 사이에 뜨인
희망의 끈
사랑의 끈으로

세상사 운명서
이 끈을 지혜롭게

인연 사. 모셔 가며
지탱하자 살아가자.

낙동강 살리기 43공구

수천만 년 흐르는 江은
물 따라 세월 따라
역사가 이어지고
인생이 피고 지는 산 역사다

물 사랑 너무 잘해
서울에서 큰 호응 얻어
선거공약 자랑삼아
대한민국 江 사랑 물 사랑
대박 꿈의 자연을 품고

양보하여 4대강만
묶은 때 과감히 긁어내고
물도 달리고 자전거도 달리도록
왁자지껄 공사 시작

43공구는 구포에서 엄궁까지
하수구, 폐수구 정비하는 대공사
여기서 처음 같은 인생을 체험한다
싸움도 걸고 돈 퍼 없앤다고 난리지만

누군가가 언젠가는 해야 할 역사다
긍정으로 미래에 투자한다
내 조국 금수강산이니 사랑으로 지켜보자

말로만 애국을 외치지 말고
행동으로 가슴을 만져보라
솔직하게 자신부터 명상하고
자신부터 청문해 보아라

금수강산 삼천리에
부산의 삼락천, 구포 천에
낙동강 물이 여기를 달리면
항도 부산의 웃음꽃이 예약되어 있다.

4대강 낙동강 살리기 43공구의 공사 4월 준공을 앞둔
부산 사상구 삼락 천에서.

내 인생 부모

나를 숨게 해주신 아버지
나를 숨겨 주신 어머니
내가 이 세상에 나오게 한 어머니
내가 지금 여기에 있게 한 아버지

생각만으로 생각하면 긴 여정
긴긴 60여 성상이
파노라마 시네마스코프다
희로애락 너무 흔한 용어다

논객들 선객들 학자들
각방의 쟁이 들이 중얼거린다
인생 3대 필패란
초년 출세요, 중년 상처요
말년 무전이라 했던가

인생 3대 성공은
내 맘 같은 친구 1명 이상,
건강한 몸, 긍정의 사고방식
이라 했던가

나를 숨게 해 주시고
숨겨주신 그 속에서
차라리, 영원히
숨어 지낼 수는 없었을 것인가

그래도 거기보다 여기가
더 좋은 이 세상 아닌가

또 다른 가문을 위한 제2를 잉태했고
의무를 다하는 작은 역사도 만들었지
대책 없는 봄날은 또 저문다.

제2부
멀구슬은 신중년이다

너와 나

아무 시나리오도 없이
계획된 약속도 없이
너와 나는
우연히 만나서 사랑을 한다

나무 위에 걸린 미소를 보고
눈빛과 생각이 마주친다
지나온 삶이 보이고
둥근 내일의 희망이 움튼다

'사랑이 운명적이다'
라고 인정하기를
간절히 소원하며
뜨거운 포옹으로 기대를 한다

보일 듯 말 듯 한 파란 하늘을 안고
너와 나는
장산 계곡 속으로 뚜벅뚜벅
걸어가는 것인가.

단풍

가로수의 단풍족들이
완전히 바람난
고삐 풀린 들소처럼

도로에 이리저리 춤을 추고
날고뛰어 다닌다

지저분하다는 느낌보다는
참 ~자연스럽다고
낭만적 사고가 떠오른다

어릴 적 당그래산에
모양지에 쇠목대기에서
소 먹이러 가서

고삐 풀린 수송아지
놓치지 않으려고
소고삐 힘차게 쥐어
당기면서 흘린 땀이,

도토리 열매를 씹던
신물만큼이나 사리한 힘으로
은행잎 단풍잎족들을
놓치지 않으려고
뛰어가 보았지만

역시나 부족한 세월의 힘이
찬바람 모셔오는 계절의
자연을 이길 수가 없구려.

독도는 일편단심

바닷속에 출렁이며 얌전히
홀로 주저앉은 섬이라
외롭고 슬픈 너의 사주팔자
쭈뼛 하늘을 보며 살지만

무궁화 꽃 뿌리가 바닷속으로
당당히 애초부터 연결되었으니
조금도 외롭지 않을 건데

왜 그리도 너를 욕심을 내는지
참으로 잘생겼나 끼가 많나?
넌 외도하거나
바람피우지 않을 거라고

5천만 국민은 확신한다
천년만년 너를 믿는다
옆 동네 바람둥이가
아무리 유혹해도 흔들리지 않을,

넌 얌전하고 은은한 의리의
무궁화 꽃의 뿌리가 아닌가
대한민국 역사, 국토의 이름
독도가 아닌가

일편단심 그 자리에서
흔들리지 않을.

* 2012. 8. 12. 일본이 박종우가 올림픽에서 독도는 우리땅!
  글 들었다고 싸움 거니.

옥순아!

눈물이 나야 함에도
눈물이 안 나온다
세상은 지리산이 아닌가!

"열심히 살려고
발버둥 친 것 하나밖에 없었는데
내가 왜 이렇게 되었는지"-

3일 전 오빠에게 얼굴 흐느낀
유방암 3기 58년 개띠
그 생각이 생생한데
둥둥 부은 그 몸집으로

그렇게도 아프더냐
그렇게도 힘들더냐
그렇게도 급하더냐

옥순아! 옥순아! 옥순아!
순진무구한, 천진무구한
옥순이가 아니었는가

이 세상 뒹굴면서 9부 능선이었으니
차라리 저세상 가서는
한 많고 서러웠던

이 개똥 같은 세상보다야
지리산 꼭대기 팍팍 밟을 수 있는
민옥순으로 당당히 태어나렴

옥순아! 옥순아!
서러워 말고,
눈물로 울지도 말고

정도 주고 행복도 주는
우리 가문의 소박한
소통의 전도사가 되어 주려무나

잘 가거라
잘 가거라
영원히 편안한 안식처로

잘 가거라

[동생 추모의 글]
2014. 10. 17. 사촌 여동생 저세상 가는 날 창원시 상복 공원에서.

동창회

같은 울타리에서
6년이라는 짧은
어린 시절이었음에도

50이 넘고, 70이 넘어도
인마 절마 하며
평생을 어울려도

보면 기뻐서 좋고
만나면 옛 추억 생각나서
맘껏 함성 지르고
눈물 나도록 금상이다

동창회 하는 날은
아무리 잘살고 높아도
철저히 기수별에 신종하는

동창회가 바로
천연기념물이다

동창회 하는 날이
이 시대의 섬김과
바른 정상正常의 해답

바로 그 소통의 창구이다.

라이프 싸이클 법칙

세상만사가
태어난 것은
반드시 죽고

행복도 불행도 원수지간도
반드시 다시 오고
반드시 다시 만나게 되어있다

돌고 도는 지구이니
만나면 또
헤어지게 되어있는 거

생명의 회전 법칙
너와 나는 만유인력의
힘으로

이어졌다
끊어졌다
또다시 돌고 도는

무한의 아지랑이 법칙
정해진 주어짐의
인생 세상사다

라이프 싸이클인 것을
알고나 있는가
알고서 사는가.

막내아들의 결혼

사람이 태어나면
당연히 거치는 과정이지만
장가가는 소리가 결혼곡이지

35년간 자연으로 자란 사나이가
바람과 구름과 하늘과 땅을 땀내며
번갈아서 들락거렸다

씩씩한 미남이 천사 같은 색시를
당기고선, 귀에까지 올라가는 입술이 아름답다

결혼식장에서
아내에게 바치는 노래 '언제나'는
씩씩하고도 감동적인 신랑의 독창곡은
평생을 잊지 못할 사랑의 재산으로

부모가 되어 연설한 인사의 주례의 말은
'지금의 초심을 잊지 말 것'을
평범한 말로 주문하였으니

삶의 진행에 좌우명이기를 주문하노라 !

만남의 詩人

시인들을 많이 만났다
젊은 남녀도 있었고
인자하고 경륜이 많은
시인도 온통 보인다

시인을 콩닥거리게 하는
시인 한 사람이 있었다
이름도 성도 모르는데

염치없이 생각해 대고 있다
언제까지일지는 시인도 모른다

시인과 시인의 만남은
시상詩想이 뜰 때만큼의
그 골똘한 하얀 생각처럼
순진하게 닮고 싶어서일까
청옥문학 시인들
경호문학 시인들
부산시인협 시인들
산청문협 시인들

곰곰이 떠올리며
멋진 詩보다
절실한 시보다
자신감의 당당한 시를.

만리포 해수욕장

수평선이 가물가물하고
하늘 선도 가물가물하다

어머니 두 팔로 반겨주는
타원형의 만리포가
파도를 업고 논다

백 리가 부족하고
천 리가 부족하여
만리포라 하였는가

철석이며 속삭대는
4월 끝의 만리포

두 팔 들어 서 있으니
눈썹조차 흩날리며
간질간질 시려 온다

시인들은
감동하고 감탄하며
만리포라 해수욕장
흥얼대며 힐링한다.

말의 홍수

스마트한 세상에
스마트 폰으로
스마트하게 발전하는데

수천 년 전의 성인의 말씀도
엊그제 시인의 글도
마구 쏟아 내는 눈이 터지는 말

좋은 말, 굳은 말
좋은 정보
생각으로도 고생하는 말

신세대도
구시대 사람도
말로는 다 잘하고
글로 표현은 더 잘하고

행동은 벌집 쑤셔 넣고
실천도 안 하는 겉치레 무게 잡는가
하얀 생각으로 새롭게 다짐하라

좋은 말과 좋은 글의 파도 속에서
본래가 착한 한민족의 성품으로
세상을 헤엄치며 정신 차린다.

* 스마트폰 등장으로 좋은 글, 좋은 말, 좋은 정보가 홍수다. 복사해서 수천 명이 공유한다. 그러나 실천은 한심하다. 사람들과 부딪쳐 보면.

2013. 7. 15.

멀구슬

인생 나이 60 中이라
멀구슬은 멋진 나무인데
멀구슬은 산전수전 자연인데

이제는 멋지고
화려하고를 다 지나와서

황홀해져 가는
멀구슬나무의
단풍으로 되었구나

멀구슬 단풍이
고독한 가지를 면하기 위하여
봄꽃의 싹을 틔우는가

그렇구나

하기야
서글픔은 지극히
만고의 진리가 아니던가.

* 상록 활엽 교목으로, 5월에 꽃이 피고, 전남, 제주, 경남에서 서식하고, 전북 고창군청 내에 천연기념물 503호가 있다. 다산 정약용 詩에도 등장하며, 열매, 씨는 약용으로 사용된다. 주로 가로수(경남과학기술대학교 입구 가로수에 (70년대) 심어져 있었다. 멀구슬회 모임이 부산에 존재하고 저자도 이 모임의 일원으로 있다.

멀구슬은 신중년이다
- 2014 멀구슬회 총회에 부쳐 -

남강물 고요히 흐르는 역사의 강변에
100년이 넘은 학교 하나 있었네
하버드 대학이 부럽지 않은 국립 농림학교 하나

59번째 동기생들 멀구슬회 또 하나
멀구슬 가로수 나무 인사받으며
교문 총총 걸어 나온 지 파란 40여 년

연보라색 꽃향기에 대추나무 열매
꼭~ 빼닮은, 멀구슬은 신중년이다
더도 말고 지나온 세월만큼

변함없는 이 우정
천생연분 그 정으로
세월이 아무리 야속하다 해도
칠암동 150번지에서 머리 쓰던 그 열정으로

청춘 시절 진주성을 누벼왔듯이
항도 부산이 우리네 삶터, 멀구슬이 아닌가
하얀 머리 다 되어가는 여정, 여기라 해도

손과 머리에 마음을 걸치고
건장한 가슴에 신중년의 열정을 꽃피우며

아름답고도 노랗게 익어가는
멀구슬 열매, 심장 속에 넣고 영글어 간다.

민짜두채

지리산 두메산골
잘 있거라~고향 산청山淸
어린 시절 무작정
항도 부산으로 줄행랑

자전거로 양조장 막걸리 배달,
양장점 개업, 길거리 중고차 소개
기웃거려도 보았다

보배 같은 세 딸이
바나나 사 달라고 조르면
금덩이 같았던 바나나를
탁! 털어 사 왔던 민짜

명장동에서 15년
기장에서 20년, 민짜두채閔字豆彩
서민들이 즐겨 먹던
콩나물 공장 차렸다

세 딸도 모두 대학졸업
세 딸도 모두 시집 잘 보내고
아, 민문閔門 집안 종손이다
책임도 인생도 무겁다
민짜두채

지금은 잘도 산다
장壯하다 흥興하다 복福하다
감感하다, 민 짜 두 채여 !!

* 민충호 민짜두채 사장(필자와 4촌) 형님 오래오래 건강하셔요!

배신의 마니아

사람은,
코드가 맞고 이념도 맞고 생각도 비슷해야
친교도 하고 상하上下도 되지? 그래서 되었지, 첨엔

참치, 소주, 맥주, 양주, 탐방해 놓고는
손바닥 합치고 고래 합창 맹세하고 서명하고.
변하지 말자고 큰 소리 합창해 증거로 남겨 놓고서는
결과로 보면 인간이 정말 해서는 안 될 짓이야
철판 잘라 조선소에 납품하는 쟁의보다 더한 칼 심장
하늘도 있고, 땅도 있고, 바다도 있는 줄 다 알면서도

철저한 맘 가림으로 암행어사 호박 출두 백천 번 해 봤자지
그 녹슬 칼 속에는 손잡이가 골아 도덕부패로 사필귀정
음침한 자리를 밀치고 들어앉아 있으니,
혼탁한 대가로 그 자리 앉아 있으니
퇴직법 돈줄로 저질러 사임당 뿌려서 훔쳤으니 안절부절
동반 고민을
얼마 세월 지나면 해방될 거로 착각 속에 그 보따리 뻔한
카테고리야

이게 바로 '도그 테이블'이야
동네 모 아줌마 모 잡귀 모두 독차지하면서도 선크림 뒤에 숨고
가짜어사만 모르고 동네 사람 다 아는데 최고로 적막한
그 가짜 암행어사

참으로 두껍게 선크림 바른 그 얼굴
이 세상 어지간히 고장 난 가짜 암행어사
문필구 나른다고 맴도는 그 임도
더욱 無 의지한 마이동풍이야

그래도 먹고사는 포도청 봐 주자 동전同숲을
언젠가 반성하는 눈짓으로 느낌으로 놓아 주자
철저한 눈가림, 맘 가림의 마니아들이여
가짜어사 출두여!
새로운 세상 나와 좋은 진실로 변형되기를.

백면서생 白面書生

세상에 태어나
말을 배우고
걸음마 배우고
글 배우고

생각이 커 가는
경험이 되고 경험이 커서
삶과 지혜의 지식이 되는데,

아무 경험도 없는 것을 숨기고
아는 체했다가, 큰 코가 부서지니
자신을 낮추어야 하겠다고
소스라치며 반성한다

올가미 같은 세상
동그라미에 딱 걸려
하얀 얼굴만 있는
사람으로 밀려나 있으니

겸손하고 공손하게
낮추고 더 낮추니
온갖 박수 소리 같은 미소가
환하게 휘감긴다

귀가 눈이 마음이
북소리만큼으로 울리며
조용히 좋아진다.

법칙

아무리 잘해도
비워야 하고
아무리 좋아도
비워야 하는데

채우기 위하여
무조건 비울 줄
알아야 하는데

비우고 나면
반드시 채워지는데

만고의 원리를
이렇게 쉬운 것도,
대부분 잘 모르고 산다

우리는

몽돌 해수욕장

오목한 바닷가에
유람선은 밀려다니고
수평선 눈가에는

제 몸 부딪치며
모서리를 훔치고
가슴속을 숨기고

산에서 내려앉은
오솔길 같은 신작로
길 뒤로 병풍을 둘렀다

바스락거리는
까만 몽돌은
하얀 웃음으로
발가락을 애무한다

그 촉감은
사랑으로 숨 몰아쉬는
첫날밤 같은 그 맛이다.

부산의 눈[雪]

삼면이 바다가 자랑이고
자갈치에
싱싱 횟집 있는 것이 자랑이고
해양수산
수출의 항만이 있는 것이 자랑인데,

부산의 하얀 눈[雪]
잘생긴 하얀 눈이 소복이 내려서
동심처럼 좋아했는데
보름이 지난날까지도

산에, 들에, 길가에, 아파트에
노숙자처럼
버티고 누워 있음은
부산이 태어나고는 첨이고

영원한 화젯거리
날씨처럼
내일을 알 수 없는
그 속셈만큼이나 복잡하구나

두꺼운 파카 옷 입고
쭈뼛 내미는 내 눈도 시리다
주렁주렁 매달린 고드름만큼
항도 부산은 꽁꽁 얼어 있다.

2013. 1. 11. 사상구 모라 사무실에서.

봉숭아

톡
터지는 봉숭아꽃

손톱에
연분홍 물들이고
뽐내며 자랑할
수줍음 같이

귀여워 살짝 만지면
톡, 터지며 쏟아지는
봉숭아꽃

용수철처럼 반항하는
사랑이 가득한 여인

새 생명 잉태하는
함성의 소리다

두 팔 높이 들어
만세를 부른다.

제3부
산에 핀 야생화

분노

희망과 기대를 만족이라 한다면
분노는 기대가 커서 생기는 거라면
기대는 분노가 없어서도 아닐 것이다

그 기대가 보통의 삶이 진행되는
일반적인 너와 나의 목표이려니
가을 나무는 낙엽을 버리고

낙엽을 버린 나무는
독한 겨울을 준비하고
단단히 자신을 조절한다

버려서 해결되는 분노를
한풍寒風이 오기 전에
예쁘게 또 버리자.

詩人의 詩

시인은
하늘과 땅 사이에서
일어나는
모든 것에 대하여

혼자서
문학의 자부심으로
시인의 양심에서
시의 카테고리로 쓴 다

총칼보다도 더
무서운 문장으로
주장하고, 비판하고
사랑하고, 노래하고
당당히 표현한다

시가 없는 세상을
상상이나 할 수가 있는가
차별 없는 인권까지
누가 감히 고문하나

억양이 없는 글은
표현으로 쓰고
생각으로 쓰고
시의 향기까지 포옹하며

우리가 사는 사회의
희로애락을
당연히 만들어 간다.

브렉시트 Brexit

영국은,
국민투표로 유럽연합의
EU에서 탈퇴가 우세로
결판났으니,

며칠이 지나고 보니
왜, 탈퇴에 투표했지?
국민 후회가 많다니
뻔뻔한 자존심이
영국을 뒤흔든다

찍고 나면 후회스러운
뻔뻔한 심보는
영국이나 한국이나
다르지가 않구나

경제주체인 우리와 너와 내가
미래를 누가 감히
적중할 수가 있는가

세계가 초 단위로
움직이는 눈 깜짝 거리의
지구의 경제가 아닌가

고민해야 할 삶의 전쟁은
영국이 유럽이고,
유럽이 대한민국이 아닌가?

사랑과 행복

인간이란
공동체 속에서
가치와 사랑과 행복이
어디까지이며 어떤 것이란 말인가

태어나서, 생각을 만들고
가치를 만들고 사랑을 만들고
가치를 아는 시절이 지나고

돈을 알고 멋을 알고
높은 자리를 알고, 부귀를 알고
이 모든 것을 성장과 더불어 다 알고
지금 행복합니까?
질문을 받는다

행복이란,
남에게 베풀고, 나눠주고
남는 것이 있을 때 나의 행복이고
사랑이란,
어려운 고통도 인내로 배려하는 것이 사랑이고

그게 진정한 사랑과 행복이 아닌가

사랑하고, 미워하고
소유하고 높은 곳도 욕심내고
큰 데 살아보고 싶은 게
인간의 보편적 욕구 본능이라
원망과 분노와 욕심으로는
아무것도 얻을 게 없다

에나*로 행복한 사람은 환상의
하늘의 친구인가
땅에 서 있는 식물의 친구인가
세계를 오가는 공기의 친구인가
육지와 바다를 오가는 물의 친구인가

아니다. 사람 사는 공동체 속의
사람의, 이 세상의 진실한 친구로
진. 실. 한. 삶으로 사는 것이
사랑이고 행복이 아닌가

* 에나: 서부 경남 지방의 방언 → 정말로, 진짜로.

비

봄비 소리가
더 커진다
그 소녀를 이젠 그만
골똘히
생각 말라고 하네

부지런한 봄비는
그 소녀를 얼른 데려다
준다고 하면서

참 성숙한 매너의
자연이다
그런데
생각이 나게 하늘 강, 만큼이나
회오리쳐 놓고는

넌, 병 주고 약 주니
얄미운 자연인이구나

빗소리는
더욱 요란해진다.

사랑이 낳은 情

하늘 같은 부모님 사랑
호수 같은 가족 사랑
춘삼월 부추 같은 수줍은 사랑
황금 가을 같은 친구 사랑

천생연분 달콤한 사랑은
영원불변의 사랑으로
그리워하며 다짐한다

믿음은 사랑
언약은 情이라
사랑은 변질이 없는 것

이 세상 모든 것이
아름답고 귀한
영원한 참사랑은
바로 사랑이 물려준

그 정이다.

사이(틈)

설[雪] 지나면 산수유 노란 꽃이
회양목꽃 지고 나면 천둥과 구멍 난 하늘이
참새들 먹이 즐비한 나락 들판이
영하 마이너스 지나 대책 없는 벚꽃 잎이

노란 물감 뿌려졌는가 했더니
아지랑이 눈으로 만지게 무섭게
사람 혈액 공격하는 모기가 설친다

이파리 다 떨어진 꼭대기에
시골 단감나무 까마귀 밥
당첨 억울해

인정사정없이 쌩쌩 바람이
창명滄明 하늘 중간에 마구 흔드니
댕그렇게 혼자 남아 서럽지

고뇌하고, 우쭐거리고
간간이 행복해하면서
사랑과 배반과 충성한

그 틈 사이에서도 맴돌며

어제와 창창(昶敞)한 내일은
대부분 평행선일 것이다
희망과 행복과 고통은
반드시 뿌린 대로일 것이다.

사랑

보이지 않는데도 보이고
옆에 없는데도 있고
앉아 있는데도 걸어가고

생각하는데도 숨소리 거칠어지고
입술을 오므리고 있어도
침샘이 작동하고

하늘의 공간을 보는데도
아지랑이 얼굴이
선명하게 나타나고

조용한 새벽
추운 날씨인데도
전신이 후끈후끈 따뜻해지고

오고 가는 생각만으로도
보이고, 만져지고, 커지고,
따뜻해지는 두 글자

산山

새싹이 돋는 봄에도
푸른 여름에도
단풍의 가을에도
회색의 겨울에도

자기는 자라지도 않으면서
나무들은
자라게 지탱해 주는 산

튼튼한 산이 좋아
산에 오르니

말 없는
나무들도 자라고
생각이 스산한
내 마음도 더불어 자란다.

산청 귀거래

산과 들과 하늘과 땅은
지구 어디를 가도 무수히 많지만
여기는 천연기념의 산청이다

산청은
브랜드 '산엔청'이 되었고,
'산엔청'은 고령토의 보고가 되어
흙의 가치 200조*가 묻혀있나니

고속도로 IC가 3개나 있는 산청
건강한 산, 물 맑은 '산엔청'이라
살기 좋은 대한 10대 고장이구나

너도나도 은은한 미영열매(목화)*
향기 따라 줄기도 신선한
산청으로

저녁 지을 무렵의 산에서 본 추억들
수줍던 꿈과 버무린 하얀 연기 속에는
왕산, 필봉산, 당그래산이다

산이 좋아 청을 사랑하고
섬기며 가득한 '산엔청' 속에는
부자 산청은 모락모락 커 간다.

* 산엔청: 산청군 브랜드.
* 미영: 서부 경남지역의 "목화"의 사투리.
* 고령토 가치 200조: RIS고령토사업단의 연구 논문인용.

상상력

창조의 구름다리
기차를 타고 가며,
등산하며,
잠자리 들며

과학의 발전도
상품의 진화도
맘껏 상상한 아이디어

상상이 없는 세상은
아무것도 없는 동그라미
상상의 날개를 훔친다

구체적 현실로 바뀌면
우리가 누리는 모든 것
삶의 질을 더 높여준다

인류 발전의 모든 것은
시야에 보이지도 않는
상상력에서 시작한다

이루고 또 이루는 상상력
사랑도 행복도
땅 위의 하늘만큼
하늘의 구름만큼

세상을 만드는
가장 기본적인
출발이다.

새벽에

싸늘한 초겨울 밤에는
앞산 소나무도
앞산 상수리나무도

자기 수직 본능으로
춥지 않은 척 잘난 척
말없이 묵묵히 서 있다

저녁이 지면 아침은 오는데
나이 적고 많고 간에
새벽은 날마다 오고 가는데

내 인생의 새벽은
언제 어떻게 오고
가는 것일까

복잡해진다

간단하지가
않을 것이다

앞산의 상수리도
소나무들도

2015. 12. 7. 새벽.

새벽 눈

새벽잠 깨어보니 하얀 색상으로
조용히 말없이 깔려있다

까꿍 소리도 없이
어린 시절 봤던 그 눈은 아니다

신방돌 위에도 신발 위에도
마당에 세워둔 자동차에도

숨죽이며 앉고 눕고
윤기가 난다

저 눈 속에 묻힌 하얀 세상은
내 가슴, 네 가슴속을
보란 듯이 왔다 갔다 하며
시치미 떼고 누워있구나

마당에 누워있는 저 눈을 가만히 보니
온몸을 마사지하는
뜨개질로 만든 목도리같이 따뜻하다

영리한 세상처럼
샤프한 하얀 눈이다

2016. 1. 24. 큰 눈.

새 희망

손 모아 기다린 세월
눈 지그시 감고도
또 기다린 세월

우리네
보통 사람의 본능은

내일이면
다음 주이면
다음 달이면
내년이면

좀 좋아지겠지
더 좋아지겠지
좀 나아지겠지!

이런 희망의 바람[望]은
상념적으로 붙들고 사는 것이
보통의 인생이 아닌가

소박한 새 희망을
가슴에 포개 넣고
새 시대 좋아질
용기를 붙잡고

2013년을 조용히
꼬~옥 포옹해 본다.

2013. 1. 1. 해운대 와우 산에서.

생각 省覺

새벽에 잠 깨면
문득 바라본다
어제 낮에 있었던 스토리들을

아무 말도 못 한 그대에게
생각 속으로 달려간다
내가 너로, 네가 나로
마구마구 굴러간다

모르는 체하는 것인지
아는 체하는 것인지
도대체
짜잔한 생각들로 저문다.

새벽이 와도, 아침이 와도
그 결과는 아무것도 없는
하얀 종이뿐이다

자욱한 네모진 방房에는
생각이 쓰러진다
쓰러지니 말[言]도 못하고
말이 또 쓰러지니 시詩가 되나

선거

여론조사는 전화기를(스마트폰) 먹고 산다
알다가도 모를 여론이라는 걸
자존심 강한 꼼수들은 즐기며 허풍을 떤다

물으면 짧게 길게 대답하고
안 물으면 미소만 짓는다
언제 말하나 피곤해 또 물어보면
오히려 여러분에게 물어보는 중이라고 겸손 떤다

열렬한 사람들은 젊은 마인드로 뭉쳤다고 위장한다
아무리 젊은이가 우리의 미래라 해도
계산만 붙들고 사니 오히려 내일의 부메랑이 되는 걸

삼삼오오 수군거림의 묘수를 다 알면서,
오직 열심히 바이러스만 생산하며
이 바이러스 잡는 프로그램 만드는 것이
밑지는 장사는 아니겠지만

양치기 소년처럼 허망한 메아리만 남는다
국어사전에 정직이란 용어를 왜 만들었을까
참으로 다스릴 예의도 인생 예의도 모두가
전자계산기같이 보인다

원래 선거란, 원래 정치란,
반칙하며, 국민세금으로 퍼주고, 적당히 거짓말하고,
눈 찍 감고 선한 맘 숨기는 강심장이
선출되는 법이라고 이 세상 민초들은 다 안다
한숨 쉬며, 열 받고 살면서도
어차피 다 안다
반칙하며 반칙 아니라고 우기는 그들을
우리는 오늘도 내일도 섬기며 살고 있지 않는가.

2012. 9. 7.

세상 타이틀 그날

세상에 태어나 열심히 해서
오만 떼만 삶으로
이력서 타이틀이 빼곡하다

타이틀 꽤 있는 그대는
몸과 마음이 얼마나 아플까

세상 타이틀을 그토록 많이
갖고 짊어지고 있으니
(자손이 차지할 타이틀
남은 게 하나도 없으니)

허리 수술을 하지 않는
유일한 처방 하나

수많은 타이틀 차근차근
내려만 놓으면

수술 없이도 인생의
정리가 참 좋은 결과로

바로
그렇게 넓었던 여생은
행복함이 만끽 되는
그 날이 아니겠는가.

* 직함을 수십 개를 갖고 있는 하구제비 국회의원, 장관, 위원장, 이사장, 회장 등등. 또 다음을 유지키 위하여 싹쓸이 타이틀 소유자들이 너무나 많은 이 세상.

산에 핀 야생화

초록 냄새 깊은 산속
텃밭 가꾸는 농막 귀퉁이에

좋은 공기, 투명 이슬 다 마시고
향기 쏘며 윙크 보내 온
이름 모를 노란 야생화

하던 일 멈추고 눈 마주치니
자기 향기 같이 나누자고
어서 와라 재촉하며
노랗게 웃는다

녹색 짙은 6월 산속에서
노란 이름 야생화

묵묵히 풍기고
웃음 주며 나누는
자연의 지킴이
노란 야생화.

2012. 6. 13.

제4부
아버지 사랑

소통疏通

천층만층 구만 층 하늘 아래
눈빛으로 통하면 말이 통하고
생각이 통하면 마음은 이심전심
한 사람 한 사람이 모여 가정을 이루고
사회를 만들고, 나라를 만든다

너와 내가 마음 모아
하나로 뭉쳐야 힘이 솟는 거야
행복을 만드는 소통을 모르는가
2012년은 소통이 올해의 과제다

모든 것을 안고 더 많이 양보해서
많이도 힘든 세상을 바꾸어 보자
너와 내가 모든 것을 내려놓고
뜻을 나누어 보자.

세월 너에게

종이 팔랑개비처럼
이 바람 저 바람 가리지 않고
동서남북 돌고 도는
즐기던 시절 다 지나간다

흙 마당에 자치기 하며
땅 따먹던 그 시절도 지나고
텃밭에 고구마 줄기 슬슬 ~~ 커 가듯
어느새 해운대 해변 돌아 장동마을*
여기까지 왔구나 ~~

함성으로 사는 세월을 셀 수도 없이 주고받았고
모서리 없이 돌아가는 시계처럼
깊은 심장 속에서 얼굴 세포까지
거침없이 흘러온 것은 변함이 없다

순박하고 가파르게 돌아가는 세월을
눈 부릅뜨고 수없이 보내곤 하였지만
남아있는 지금은 눈사람 같은 차가울 뿐이구나

파도가 모래사장에 사라지듯
가물가물한 수평선을 버릇처럼 틈틈이
생각을 모셔다 바라 다 본다

그러함에도
너에게는 아부할 아량은 추호도 없으니
말문 닫는 그 날까지 친구 하며
술, 안주 삼을 것이다.

* 장동마을: 산청군 금서면 주상 부락 내의 저자가 귀향해 살고 있는
　　　　　 마을의 이름.

술이 지나간 자리

젊은 시절에는
벌컥벌컥 마셨다
술이 있으면
사장님 부장님이
안줏거리로 충분했다

기억이 잘리곤
담날은 후회스럽게
자존심도 부서지고
죄송스러운 전과자

수십 년 술 마시며
살아온 세월만큼이나
부족하고 또 모자라고
후회스럽게도 반성하며

오늘 존재하는 것이
너와 내가 아닌가
지나온 날들을 심장에
정직하게 세워놓고

나이테만큼
그 향기
그 무엇이라도
나누어 주며 살아야 하는데

시인은

시인은 왜 있어야 하는가
글 잘 쓴다고 시인은 아니다
정치에 자본에 권력에 여론에
구부리지 않아야 한다

용기와 배짱과 소신 등 종합이
반드시 잡힌 사람이
시인이 되고 시인대접을 받고,

그러나
하늘 아래 글들이 단 한 번도
사용하지 않은 문장을, 단어를
캐고 또 캐고 싶어 하는

그
열정으로
고통으로
집념으로…

지성과 독자를 섬겨가며
당당하면서 겸손하여라

총칼보다도 더
무서워하도록 하여라!

아까시나무의 추억

60년대의 아까시나무
지금의 아까시나무
참으로 많은 차이가 난다

가난했던 60년대 시절
산山 정상까지 화전 밭을
일구어 먹던 그 시절

비만 오면 검붉은 황토가 쏟아지고
산사태가 나고, 재해가 나고
가장 빠른 사방사업의
가장 적합한 나무

아까시나무와, 오리목 나무
이 나무가 있었기에
오늘의 밀림 같은 푸른 산이 있고
탄소배출의 녹색이 있는 거를 아는가

이 모든 아까시나무의 추억을
5월의 그대에게
순진한 이 향기로 드리오리다.

아들

아들
며느리 손자
그리고 가족

딸!
안 가진 나
그리고 우리

요즘

악담 같은 루머를
들어는 보았겠지

너희들도
돌고 도는 법칙
모를 리는 없을 건데

그래서
비둘기 같은 널
믿는다.

아버지 사랑

골똘히 생각하다가 생각한 것은
짚으로 꼰 새끼줄 하나 생각해 냈다

눈에 보이지도 않는 세월이, 그리움이, 사랑이
눈 뒤에 꼬깃꼬깃 숨어 버렸다

어린 시절 시골 살 적에 아버지가 농사일에 쓰려고
새끼를 팔자내기로 꼬는 것을 생각해 냈다
새끼 꼬는 숙달된 기술이 눈에 선해서
아버지가 생각 속으로 풍덩 숨는다

육십갑자 한 바퀴 돌아 넘는 지금에야
해가 위세 떨치며 뜨고
달이 자존심 거두듯 지는
자연의 법칙인 것처럼,

가족을 필사적으로 사랑했구나
늦게나마 눈 이슬 적시며 고해 성사를 한다

눈 뒤에는 사람을 움직이는
몸의 종합박물관 두뇌도 있고
그 뒤에는 이 세상을 변화시킬 수 있는
뇌가 뿜어주는 생각도 버티고 있으니

팔자 내기로 왼쪽으로 꼬는 새끼줄 속에
그리움과 사랑이 합의된 자연법칙처럼
때늦은 고마움으로 혼미 되어 흐느껴진다

눈 뒤에서 고개 숙인 키다리 가을 수수처럼
수백 미터 바닷속 깊이만큼 생각이 난다.

어느 검사님은

내 편이다, 네 편이다
낯 뜨겁게 싸운다
권력을 가진 검객이
무엇이 두렵냐, 자존심이 깨질까
자리가 어찌 될까 두려웠겠지

진실은 다 안다. 관객이 다 안다
함성도 다 안다. 오직 거짓말 너만 모른다
참으로 코미디 프리젠테이션

검객은 둔재가 아닐 터인데
한 뼘 지나면 다 터질 진실을
뻔질나게 비비대 놓고는

모른다 아니다 도토리 처리한다고,
큰소리친 천재는 살아있으면서도
영원히 죽었다 확실하게 죽었다
다시 시작하고 다시 살기 위해
눈물 삼키며 일어서서
진실을 고백하라고

그러면 용서한다고 하시지
검객보다 더 멋진
영웅이 탄생할 터인데.

* 모 검찰총장의 퇴임을 보고 혼외자 아들 의혹 등.

어느 구름에

살아가다 보면
동서남북 하늘

어느 하늘 아래에서
빨주노초파남보가
나타날지 모른 다

어느 구름에서
어느 태양 아래에서
어느 달빛 아래에서

생각이 포개진
너를 가질 수가 있을까
저녁밥 짓는 연기 줄 타고
보일 듯 안 보일 듯,

확실히 포개진 심장
너를 이 가슴은 항상
따라 다닌다

사르르
그 구름 아래에서
비 오는 그리움이

101도의 뜨거움과
몽실몽실한 촉촉함으로
마구마구 밀려온다.

어머니 남호댁

"너거 아부지 돌아가시고
3년만 살면 원도 한도 없겠다."
아버진 79세, 13년 후 어머니 남호댁 88세에
지독히도 못살고 가난했던 시절

세상을 등지신 나이만큼이나
굶주리고 허리가 휘고 무릎 연골이
닳고 닳아, 일어날 때 아야, 앉을 때 아야

진통약 십수 년을 먹고 또 먹고
밥처럼 약처럼 약봉지 끼고 살아
자식들 집에 오면 그래도 손님처럼
이 반찬 저 반찬 푸짐하게 만들어준 어머니!

진주 학교 다니다 토요일 사립문 열고 들어서며
"어무이 아들 왔습니다." 하면
가슴이 덜컥 내려앉는
또 어디 누구 집에 가서 학비를 빌리나 이 생각뿐

아풀사! 어제 화계 장날 거창댁이 돼지 새끼 팔았으니
저녁 얼른 지어 먹고 살금살금 방문해서
돈 빌려서 근심, 걱정 다 날리며 아들한테 내어준다
"참, 넌 행운의 자석이다." 종종 이런 말씀만.
졸업장 쥐고 난 후, 군에 가고, 취직하고, 손자도 낳았지만
근사한데 가서 멋진 음식 제대로 한 번 못 사드린 거,
제대로 한 번 모시지도 못한 이 원흉, 모두가 한스럽다
아, 이 세상은 후회와 그리움이 돌고 도는 회전판인가

어머니 생각

누구나 자기의 어머님은 있다
누구나 어머니에 대한
무수한 이야기 추억은 다르다

흙 수저든, 금수저든, 맨 수저든
세상 살아가다 보면
어머니를
무조건 뭉클하게 생각하게 한다

보릿고개 어렵던 초등시절부터
사라호 태풍으로
논바닥에서 싹이 난 보리 시절

오봉 골짝에 보리쌀 두어 되
새끼 멜빵으로 지고 가던 시절
새재 산에 양재기 도시락 싸서
땔나무 해 나르던 시절,

번천 방아실에 나락 한 가마니 지고
방아 찧어 나르던 시절,
논배미에 장군 지고 오줌, 인분 퍼 뿌리던 시절,
산에 가서 땔나무 해서 머리에 이고 오시는데
지게 갖고 마중 나가던 시절,

이 모든 일은 어린 시절
어머니와 같이 동고동락하면서
어지간히도 불평불만해서
속 많이 썩여드린 일만 생각이 난다

지금 생각하니 철없는 후회의 눈물만 나온다
어머니, 어머니, 어머니

여름 생각

지독한 추위가 겨울이라는 이름으로
온몸을 빳빳하게 등짝을 세우고 했는데
어느새 봄이 오는 소리라고 시인들은
봄 노래로 시를 써서 낭송하고 하더니만

노란 새싹들이 지천을 울리며 세상에 나타나
나 여기 건재하오 움트는 봄빛으로 쏘아 올리더니
또 어느새 벚꽃으로 끼를 부려 맘 설레게 하더니만

산들산들 봄바람이 멎는가 하였더니
벌써 여름 맞이 하는구나
어설프게 푸른 산과 들에
건들거리며 춤추는 아지랑이 속으로
조용한 마음속에 내가 여기서 있는 거 같은데

그래도
가슴 펴고 옷 훌라당 벗고
첨벙첨벙 경호강 물에 빠질 생각에
경호강 래프팅 환상으로 여름을 생각한다

두둥실 앗싸 야로 즐겁게 합창하며 조를 짜서 놀던,
철썩철썩 고무 배 타고 기우뚱 깔깔거리던,
작년의 여름 소리 들린다
산청의 경호강 정개이다리* 밑에
울긋불긋 화려한 래프팅이 생각난다.

* 정개이다리: 산청군 산청읍과 금서면을 연결하는 지역명의 교량.

2012. 4. 15. 봄에.

왕산과 서하향토사
- 서하향토사 발간에 즈음하여 -

1392년 쿠데타!

이성계의 근세조선
집권에 항거한
고려 공민왕 시절
예의판서 閔안부

충절과 백성 사랑의
왕산 땅에서
나라를 묻은 가락국의 마지막
구형왕도,

서하가 금서면이고
서하가 왕산이니
왕산과 금서가 바로

서하의 피비린내를
조용히 묻은
서하 질곡의 역사이다

수천 년 역사의 기록 없이
피의 역사가 묻혔다
역사기록이 숨었으니
또다시 얼룩진
억울한 양민희생 사건

1951년 2월 7일
산청, 함양 양민들의
피와 뼈를 묻은 지리산자락

700여 명 억울한 양민의
희생 사건이 559년 만에
또 일어나고 말았다

눈물과 열정과 용기로
왕산의 역사를 기록한
서하의 역사가 태어났다
2015년 5월 16일

왕산의 역사책이
서하향토사로 살아나
발간의 날개를 달았다.

용서의 쿠폰

사람 사는 세상은
동물 사는 세상은
식물 크는 세상은
수만 가지의 갈등과
실수의 회전이 아닌가

정의와 진리가 있고
위인과 잡동사니도 있지만
항상 마음속에 머무는
나약함도 있지요

용기 넘쳐 어쩌다
상처 입힌 실수를 하지만
네가 나로, 내가 너로
아무리 소통해 봤자
생색으로 겉치레면
무용지물이 아닌가

넉넉히 선물 받은
용서의 쿠폰을 내밀고
떳떳하고 멋지게 용서하고
부드럽게 용서하며 당당해 보라

뜨거운 정치 속에
팍팍한 경쟁 속에
침묵이 흐르는 가정에
겉치레 날뛰는 우정에

뜨거운 용서의 쿠폰으로
갈등을 녹여 버리자

입가에는 미소 스타일
눈 위에는 비둘기가
훨훨 나른다.

위장 전입

집착하면 무엇이든 이룬다
행동하면 양심도 구멍을 메꾼다
욕심으로 달리면
카테고리 정신도 도망을 간다

즐기는 비밀이 탄로 날까 봐 온통 겁쟁이
내가 누구와 살아가는지
들여다보는 거 딱 질색이야
아무도 쳐다보지 말아야 하는데,

이거야
천생 일품인데
몸뚱어리는 여기
우체부 아저씨 찾는 거는 저기
가짜로 착한 임은 완벽해야 하나니

들락거리는 직장에서
전문인 척해야 하니
감시하는 그룹에는
착한 척해야 하니

쥐도 새도 모르는 일이야
최초 웨딩 인생은 벌써
바가지 깨뜨려 놓고선

숨기고 싶은 몸뚱어리
머리 누이는 지붕은 따로
원리 원칙 준수해야 하는 관공서 따로
복잡한 귀하신 껍데기 님의 사생활은

여러분!!
비겁한 이 신사를 아십니까
나 잡아 봐라 ~~

2012. 2. 가짜 암행어사 모씨 에게.

음양오행과 숫자와의 관계

(1시간 스피치 교육자료)
[해운대 로타리 클럽 총무이사 詳友/ 민수호]
2007년 12월 13일
* 들어가며 (생략)

1. 음양의 구조
   음양은 상대적입니다
   음양은 대립 속에 융화를 나타냅니다.
   음양은 한쪽만으로는 존재할 수가 없습니다.
   음양은 이기고 지는 법이 없습니다.
   음양은 서로 의지하고 도와줍니다.
   음양은 서로를 그리워하고 동경하지만 영원히 만나서 하나가 될 수 는 없습니다.
   음양은 눈길이 머무는 곳이면 어디나 있습니다.

2. 음양의 물질 모양
   여름은 양이고 겨울은 음입니다.
   봄은 양이고 가을은 음입니다.
   한낮은 양이고 밤중은 음입니다.
   새벽은 양 저녁은 음

소년은 양이고 노인은 음
손등은 양이고 손바닥은 음
엄지 손가락은 양이고 새끼손가락은 음
수컷은 양이고 암컷은 음입니다.

3. 음양의 추상
  시작은 양이고 끝은 음
  기쁨은 양이고 슬픔은 음
  여유는 양이고 공포는 음
  웃음은 양이고 눈물은 음

4. 五行의 基本
  木(봄) 火(여름) 土(중간) 金(가을) 水(겨울)
  (1.2=목/ 3.4=화/ 5.6=토/ 7.8=금/ 9.10=수)
  이것은 간단한 것 같지만 千變萬化가 모두 이 오행과 음양에 있습니다.

5. 10개의 천간과 12개의 지지
  천간=甲 乙 丙 丁 戊 己 庚 辛 壬 癸
  지지=子 丑 寅 卯 辰 巳 午 未 辛 酉 戌 亥

6. 六十 甲子

갑자 갑술 갑신 갑오 갑진 갑인
을축 을해 을유 을미 을사 을묘
병인 병자 병술 병신 병오 병진
정묘 정축 정해 정유 정미 정사
무진 무인 무자 무술 무인 무오
기사 기묘 기축 기해 기유 기미
경오 경진 경인 경자 경술 경신
신미 신사 신묘 신축 신해 신유
임신 임오 임진 임인 임자 임술
계유 계미 계사 계묘 계축 계해

7. 四柱八字

四柱 : 태어난 년(조상), 월(부모), 일(본인), 시(자손)의 4 기둥(四柱)을 말하고

八字 : 천간 4자와 지지 4자를 합하여 8글자(八字)를 말한다.

8. 時干支 (12간지)

밤11시~익일 01시=子時

01시~03시=축시/ 03시~05시=인시/ 05시~07시=묘시/ 07시~09시=진시

09시~11시=사시/ 11시~13시=오시/ 13시~15시=미시/ 15시~17시=신시

17시~19시=유시/ 19시~21시=술시/ 21시~23시=해시

9. 相生과 相剋

　相生 : 목생화/ 화생토/ 토생금/ 금생수/ 수생목

　相剋 : 목剋토/ 토극수/ 수극화/ 화극금/ 금극목

10. 오행과 숫자

　사람은 봄/ 여름/ 가을/ 겨울 사이에 태어 난다.

　(1) 봄 태생의 사람은 1(寅), 2(卯), 3(辰)월생 → 木 體로서 (金이 용신)

　　ㅇ,ㅎ,ㅅ,ㅈ,ㅊ/ 西쪽/ 오전9~11시/ 庚일/ 118의 숫자

　(2) 여름 태생 4월(巳), 5월(午), 6월(未)생 → 火 體로서 (水가 용신)

　　ㅅ,ㅈ,ㅊ/ ㅁ,ㅂ,ㅍ/ 서/ 북쪽/ 오후3~5시/ 癸일/ 129의 숫자

145

(3) 가을 태생 7월(申), 8월(酉), 9월(戌)생 → 金 體로서 (木이 용신)

ㄱ,ㄲ,ㅁ,ㅂ,ㅍ/ 동쪽/ 북쪽/ 오후3~5시/ 乙일/ 121의 숫자

(4) 겨울 태생 10월(亥), 11월(子), 12월(丑) 생 → 水 體로서 (火가 용신)

ㄱ,ㄲ,ㄴ,ㄷ,ㄹ,ㅌ/ 동쪽/ 남쪽/ 오전11~13시/ 丁일/ 124의 숫자

11. 오행과 이름

이름에 쓰지 말아야 할 글자

이름에 상생과 상극의 오행

이름에 용신(남이 나를 도와주는 오행)주기

이름에 두 개의 받침은, 50% 이름

이름에 갈라지는 글자(산재한 이름)

이름이 60%, 사주가 40% 다

이하 생략(인터넷 조회 수백 명)

2006. 8. 1. 〈생활 역리상담사〉 자격증 취득.

아침 인간

지구가 돌고
세월이 가고 있다는
유일한 증거다

웃으며 잠 깨어 일어나면
예쁘고 착한 잠을 잤듯이

우리네 아침은
성장하고 발전하는
필수 불가의 톱니바퀴이다

생각은 저녁에 하고
결단은 아침에 하여
거미줄 같은 이 세상 소통에

아침의 소중함으로
아침의 인간으로(너와 나)
정중히 자리 잡자.

인연

좋은 생각
조용한 그리움

자전하며 태양을 도는
음양 오행원리처럼

소란하지 않은 마음속에서
손 내밀어 악수를 청한다

태양 속에 달이 숨듯이
보일 듯 말 듯한 지평선 뒤에

인생의 한 모퉁이가 아닌
중심 잡힌 정중한 서열 속에서

운명처럼 성큼성큼 성큼 다가왔다
인생 과학의 카테고리로

장산 폭포수

춘4월 벚꽃이 만발하는 계절에
해운대 장산 속에 장산 폭포
하얀 물줄기 내뿜으며 당찬 속도로
쏟아져 내려오는 속 시원한 폭포수

벚꽃 속 향기와 폭포수 위에 핀
무지개 꽃이랑 얄밉게 어울린다

색색이며 숨 몰아쳐 산을 찾은 연인들 앞에
갯버들 꽃망울 살살 건드리며 춤을 춘다
폭포수는 참으로 신들린 재주꾼이구나
꽃이랑, 야생화 온몸을 간질여주며
연인들의 마음을 물소리로 사로잡는다

우우 ~ 와~
절로 지르는 감탄의 이 소리를
너는 들으려 하지 않아도 될 것이야
한 아름으로 안고 영원히 간직하고프다
해운대 장산아~
장산 폭포수야.

2012. 4. 11. 해운대 장산에 가서.

장수풍뎅이

앞산 상수리나무에서 자랐던
장수풍뎅이
내가 자랐던 어린 시절이었다
인공사육장에서 자라고 있는
장수풍뎅이는, 지금이다

5살 손자는 장수풍뎅이 동화책에
푹 빠져, 책이 달아 문드러지도록
보고 또 보고

손자가 재촉하는 장수풍뎅이 곤충은
앞산에 가 찾아봐도 한 마리도
보이지가 않는 다

50년 전이나 50년 후나 장수풍뎅이,
자라는 데는 달라도
검은 몸집은 지금도 변함이 없다

세월이 흘러 어린이가 할아버지 되고
손자는 어릴 적 내가 되었으니

장수풍뎅이의 검은 몸집으로
날개를 펴고 밤새 앞산 상수리나무에
인사하러 왔으면 참 좋겠다.

* 손자 민준서가 어린이 집 16년 여름 방학 때 장동 마을에 온다고 하니 똥뫼산에 가서 장수풍뎅이 곤충을 잡아주어야 하는데.

제5부

참새 추억

존재 이유

눈이 마주치고 나면
생각이 모이고
마음도 오고 가는 법

이런 교습이 지나고 나면
자신을 테스트하며
그대를 생각한다

사랑은 이렇게 진화하고
사랑은 산 넘고 하늘 넘어
고속도로를 달려서

그대와 그대 속에서
우리라는 사랑의 세례 나대로
천생의 다리가 되었네

아!
그대와의 사랑은
바로 존재 이유가 아닌가.

저녁노을

동쪽 가을 하늘은
90도 공중에 매달려
가물가물한 석양 속에서
수줍게 눈짓을 한 다

중년의 사랑이
저녁노을처럼 황홀하여
하늘 아래 강렬한 저 태양이
검붉은 노을 되어
뭉클하게 자랑하다가

- 양산 에덴밸리cc에서 본 석양. 2012. 11. 1. -

서쪽 낭떠러지 불안하여
이산 저산에 아쉬움을 윙크하며

어두컴컴한 그림자를
온몸으로 들이마시고
억울한 듯 서서히 사라진다.

주상 마을

수천 년 보내고 맞이하는 세월이지만
장동*의 마을은 항상 그 자리이다
봄이 오면 밭농사 논농사 양파농사 출발이고
신중년 이상이 대부분인 주상리 마을에는
트랙터 이앙기 경운기 소리가 새벽을 가른다

오현이 양반, 영규 양반, 80이 넘었는데도
아들딸 도시로 시집 장가 잘 보내고
주상리 고향 마을이 천직이라 여기고
흙하고 이야기하며 세월의 희망을 쏟다
저녁이면 마을회관에서
(쌍효댁, 자리댁, 절터댁, 손실댁, 화산댁, 이장댁, 안심댁,
무량실댁, 살묵댁, 생초댁)

아들딸 자랑도 하고,
아침이면 근심 걱정 없이 흙을 향해 일을 나선다
수확할 가을을 생각하며 즐겁고 행복하다
하늘을 붙잡고 자라는 벼랑 고추, 콩, 들깨, 참깨들이
귀엽고 사랑스러워 새벽잠 깨어나면 대화를 한다

대대로 이어져 오는 오늘의 농산물 먹거리들은
천년만년 없어질 수도 없는 우리들의 생명줄
사람이 먹고사는 희망의 끈, 애당초의 삶터다
고구마 줄기가 싱싱하게 커 가듯
잘 살아가는 장동의 부자 마을이다.

진식이*

지난 세월 70년대 인기의 거지가 있었다
진식이는 언제 세상을 작별했을까? 아무도 모른다
아침저녁으로 왼손을 덜덜 떨면서
코멍어리 소리로 '밥좀주이셔'하며 까무잡잡한 얼굴로
주기적으로 이 동네 저 동네를 다니던 진식이 생각난다

그때만 해도 시골 인심이 참으로 좋았다
이런 진식이를 아무도 푸대접 안 했으니까 그 당시,
진식이란 제목으로 수필을 쓴 기억이 난다 학보사 문예란에
밥 얻으러, 온 식구들이 마루에서 밥을 먹는 중에도
사립문으로 들어와도 반갑게 밥을 주었던 기억이 생생하다

집집이 다닌다 그 많이 얻은 밥을 어디에다 저장했을까?
1주일이나 1달이나 지나며 교대로 호별 방문을 하며 구걸을 하였다
철저히 갔던 집은 피해 다니며
밥 이외는 아무것도 요구 하지도 않았다

진식이가 생각난다.
세상이 하늘처럼 땅처럼 많이 변하였어도
70년대 순수한 거지, 착한 거지, 인기의 거지,
지금은 천연기념물 같은 진식이가 생각난다

진식아!
다시 태어나면 손 떨지 말고 부잣집 아들로 태어나라
전생에 얻은 그 많은 밥을 주변의 10리 사방 퍼주며 살거라
진식이 같은 걸인은 다시는 볼 수가 없겠지
달랑달랑 세상인심, 저만치서 잡아두고 나랑 너랑 같이 가자

* 진식이: 1966~1972년 사이 경남 산청군 금서면 '생초면' 유림면을 기점으로 밥만 얻어먹고 다닌 진식이란 이름을 가진 걸인이 실제로 있었다. 저자가 중등생 시절.

참새 추억

어릴 적 1960년대 중반
아침이면 부모님이
새 보러 가라고 깨운다

눈 비비고 일어나 가을 논배미로
새 보러 나간다
참새들은 아침 일찍부터
벼가 익기 전 무렵의
하얀 즙밖에 없는 벼를
잘근잘근 씹어서 배를 채운다

어린이는
참새 떼들을 후여, 후여
깡통 줄을 흔들어대며
새 떼를 쫓던 시절이
머릿속에 눈 속에 선하다

그때나 지금이나
똑같은 나락(벼)인데
세월은 조용한 시골 논 뜰을

바둑판으로 정리된 트랙터 길로
발전(진화)시켜 놓았다

참새 떼를 쫓던 어린이는
참새들의 배고픔을 알 수가 없었듯이
하얀 벼즙 맛만큼이나
순진했을 참새 떼들

지금은 똑같은 배고픔을
어디 가서 채우며 살아가고 있을까
알 수가 없구나

나뭇가지에 올라앉아
휘청거리는 즐거움으로
재잘대며 살아가고 있을까

천리포 수목원

바다가 보이고
하늘이 덮고 있는 천리포
수천 가지 나무들 세상이다

나무들은 숨 쉬며
하늘을 붙잡고 크는데도
사람하고 사랑하며
시선도 마주친다

멀구슬, 천리향, 태산목, 박태기
꽝꽝나무, 층층나무, 필라칸샤스
이름도 특이하니
그 이름 뽐내고

수만 사람 사랑으로
행복해서 미안해서
어쩔 줄 모르는구나

그 대가로
힐링 산소 맘껏 뿜어주니

하늘 아래 천리포
누가 여기에 천리포
수목원을 조성해 두었는가
그 이름은 미국에서 귀화한
민병갈 박사로구나

돈 벌어 수만 평 땅 위에
수만 종 나무들이 수백 년 살아갈
천리포 수목원

만리포 해수욕장이
엄니처럼 감싸주는 천리포
또, 한번 가고 싶어라.

파리 목숨

5월의 찌는 무더위는
요즘의 대한민국 날씨다
무더움을 느끼는 순간
파리들은 야생이라
냄새에는 신출귀몰하다

파리채를 들고 왔다 갔다 하면
한 마리도 안 보이고 숨는다
파리들도 악마 같은 파리채를 든
나에게 날아 붙어 순진한 공격을 한다

죽고 사는 데는 인간인 나와
비록 날개를 가진 파리지만
오죽하면 이겨야 하는 전쟁터 같은
삶의 공간에서

파리 목숨이라고 하지만
삶에서 파리 목숨이 되는 것은
최악의 상황이 아닌가

파리들은 이런 말을 알 턱도 없으니
죽고 또 죽어가도 계속 날아든다
파리채와 합세하여 죽이고 또 죽여도
끝없이 전쟁은 계속된다

우리, 너와 나의 삶이
이런 전쟁과도 다르지가 않다.

풍구風具*

인공 토굴을 온통
다 태워 버릴 기세로
왔다 갔다 큰소리치고
한겨울 삭풍 소리 같지만

알고 보면 대장간에 이글거리는
숯불을 태우고 또 태워서
힘세고 강한 무쇠 덩이를
철없이 녹녹하게 하는 그 힘

밀어주고 다니는 당당한 소리
강철 쇠가 붉게 항복하는 소리
장단 맞추며 뚝딱뚝딱 뫼* 치는 소리
시끌벅적 오일장 쇠스랑이 태어난다

풍구와 같이 사는 대장장이는
새 세상 세월 따라 어디로 갔는가
농업이 해 저무니 어디서 오는가
논고랑 밭고랑 기다리며 줄 서 있다

손 풍구

밀고 당기는 강약조절 그 지혜가

붉게 익은 민얼굴에 맺힌

땀방울 중심의 수정 방울에

세월이 저 멀리 줄행랑을 친다.

* 풍구: 불이 잘 붙도록(대장간 등) 하는 기구, 옛날에는 주로 수동식임.
　　　1970년대의 어릴 적 본 화계 5일 시장터를 생각하며.
* 뫼: 메.

2012. 4. 22.

필봉산 아래 숨 타일

산청을 '산엔청'이라 한다
산이 보물이라
해맑은 공기와 청정의 산청

붓든 선비나 글 쓰는 예술인의 터로
소문난 필봉산 자락에
따뜻하고도 조용한 공장 하나

공장을 운영하는 시인이라
사람을 움직이고
기계를 움직이고

산청 금서 매촌리
동의보감로 167에서
숨 타일은 라인에 밀려서 나온다

공기는 죽이고
이 공기로 사람을 살리는
숨 타일은,

전국에서 해외에서
경산세라와 엘지 하우시스에서
가장 아름답게 선택된다.

매촌리에 있는 (주)경산세라믹 사장 근무 시절. 2014. 4. 8.

지리산

3대가 죄를 짓지 않아야 본다는
지리산 일출,
허무맹랑한 것 같아도 올라보지 못한 사람
알 수가 없는 세상 다 가진 심장이더라

지리산 종주 등산해 보았는가
1박 2일 머리에 등 두르고 밤도 낮같이
20킬로 배낭 메고 말이야

발이 터지고, 입도 터지고, 몸도 터지는
지리산 종주의 대 도전에
종주가 끝나고 조용히 생각 돌려보니

세상에 무서워 울게 하나도 없는 천하의 자신감이
천하제일의 맹수, 사자를 나라고 착각했었다
세월 지나고 나이테 새겨지니
약이 되고 반성이 되어

지리산은 한반도의 진산鎭山
파란 열정에 노란 겸손 되어
하얀 인생이 되어 가고 있는 중이더라.

함박눈

하늘과 안경 사이로 비스듬히
폼 잡는 듯 내리는 하얀 함박눈
필봉산 봉우리 높은 힘만 믿고 마구 앉는다

천방지축 땅바닥에 내리는 것도 아니다
소나무에 버드나무에 향나무에
앉자마자 엉거주춤 눈치를 본다

세상만사 다 시끄러우니 녹을까 말까
또 다른 눈이 높은 아까시나무에 걸렸다
떨어지기 싫어 숨죽이며 손짓 발짓 다 하고 있다

잘난 바람은 그냥 애교로 받아들이며
고달픈 영하의 삶을 위로 하는 것일까
못 본 체 조용조용 쿨하게 지나간다.

2015. 12. 15. 필봉산 아래 함박눈이 펑펑 온다. 경산세라믹 공장에서.

해운대 장산萇山

높지도 낮지도 않은
오백여 미터 정상
항상 엎드려 사는 넌
태초의 네 생일은
수천 년 전의 항상 오늘

사계절 하루도 쉬지 않고
계곡의 청정 약수를
쉼 없이 흘려주는 넌
참으로 욕심도 없구나

오순도순 연인들의 산책로
해운대를 상징 하는 진산眞山

장산에 오르면
청정약수는 변함없이 흐르고
세상만사 변하지 않는
너만 같으면 얼마나 좋을까

네가 그리워 다시 너를 찾기 위해
항상 찾아오게 하는
너만의 비밀은…

2012. 3. 11. 해운대 장산에 가서.

그 함성

스마트 폰 켜는
순간에

눈에, 가슴에
하나뿐인 마음에
무조건 들어 온다

지리산처럼
왕산처럼
필봉산처럼

당그래산처럼
똥뫼산처럼

스마트폰의 함성은
조용히 사라진다.

2014. 4. 7.

해운대

바다가 보이고
수평선이 보이고
갈까마귀도 보인다

푸른 바다이기도 하고
갈색 바다이기도 하고
황토의 모래이기도 하다

88층 사이로 보이는 저 바다는
해운대임을 누가 봐도 알 수 있는
해운대만의 해운대 바다이다

해운대는 수평선 위의 하늘 아래서
가슴과 심장이 하늘만큼이나 넓은 시인
탄성을 들이마시는 바로 지금, 해운대 이다.

행복의 줄기

생각이 모여 말이 되고
말이 모여 소통이 되고
삶이 되고 행복도 된다

행복의 조건은
반드시 정신적 만족이
되어야하고

이 외의 만족은
만족으로써 족할 뿐이고

정신적으로나
마음적으로나
모두가 채워져야 한다

보이지도 않는 마음이
이 마음이
흐뭇하다고 하는
저장된 줄기가
마음에서 잡히고

잡힌 마음의 줄기가
마음을 꽁꽁 묶어야
비로소 행복하다고

정의를 한다.

행운은 올 거야

너와 나 속에도
수많은 사람
생각을 깊이 하는 사람들

열심히 산다고
모든 걸 다 얻지 못하는 세상

행운을 잡으려면
중단 없이 도전을 해야
반드시 오는 것이다

행운은,
바람의 등을 타고
여름에 촉촉한 새벽을
두 동강 내고

내어준 만큼
큰소리치며
눈앞에 올 것이다.

제6부
산청·함양, 거창 사건

산청・함양, 거창 사건의 〈배상 특별법〉 〈국회 입법〉 건의서

산청・함양, 거창 사건의 〈 배상 특별법 〉은
반드시 〈 국회 입법 〉으로 처리되어야 합니다.

1. 산청・함양, 거창사건의 <u>간단 개요(6하 원칙)</u>

  0. 누가: 국군 11사단 9연대
  0. 언제: 1951. 2. 7 ~ 9.
  0. 어디서: 산청군, 함양군, 거창군 (3개 군 7개 마을 등)
  0. 무엇을: 산청군, 함양군, 거창군의 국민을 (양민)
    (산청・함양 386명, 거창 534명, 정부에 등록된 사망자 인원기준)
  0. 왜: 국군 11사단 9연대의 작전명령 제5호 계획에 의해서
  0. 어떻게: 위 국군 병력이 기관총 소총 등으로 양민을 강제로 집합 정렬 시켜서 학살

2. 본 사건의 인정 근거

  0. 1995. 12. 18. 제14대 국회 제177차 정기 회의에서 특별법 통과 (이 강두 의원 대표발의)

o. 1996. 1. 5. 특별법 법률공포 법률 제5148호(대통령 김영삼)

o. 1996. 5 ~ 7. 산청·함양, 거창의 사망자 및 유족 등록
(거창사망자: 548명, 산청·함양 사망자등록 386명, <u>사망자 등록 합계: 934명</u>)

o. 1998. 2. 17. 국무총리실 심위위원회 사망자 및 유족 등록 확정
(거창 유족: 785명, 산청·함양 유족 732명 확정, <u>유족등록 합계 1,517명</u>)

o. 2004. 4. 8. 거창추모공원 완공, 2008. 12. 1. 산청함양추모공원 준공(국·도·군비 투입)

o. 2004. 3. 2. 제16대국회 제245회 임시회, 거창사건 등 보상에 관한 특별조치법 국회통과(찬성 210명, 반대 4명, 기권 4명), 이강두 의원 대표발의

o. 2004. 3. 23. <u>정부의 거부권행사</u>(고 노무현 대통령 탄핵 중에 고건 국무총리)

3. 산청·함양, 거창사건을 왜 배상을 해야 하는가?
   <u>배상 이유</u>

(1) 일본군 만행의 위안부에 대한 인권 사항을 거론 하면서 -

우리나라는 지금 80년도 넘은 일본군의 위안부 할머니들에 대한 공식 사과와 더불어 보상 등을 국가적인 차원에서, 인권적인 차원에서 일본국에 대하여 대통령은 물론 국회

의원님들은 강력하게 요구하고 있지 않는가…

* 이런 인권적 만행에 대하여 다른 국가에는 사과, 보상 등을 요구하면서, 우리나라에서 일어난 본 사건에 대한 인권은 별개인가? 해당 사항 무無인가?

(2) 고 김대중 전 대통령님도 평화, 인권신장 운동 등에 기여한 공로로 노벨 평화상 까지 수상한 인권의 선진국가가 아닌가?

* 65년 전에 일어난 본 사건에 대하여는 사람의 기본권인 인권하고 본 사건은 해당 사항 무無인가 ?

(3) 동일한 대한민국의 국군에 의한 가해 사건인 광주사건 (광주민주화운동 사건, 김영삼 대통령이 사건 명칭 변경)은 보상 완료됨.

* 법의 형평성과 지역의 차별적인 법집행이라고 주장합니다. 비정상의 정상화를 요청합니다.

(4) 지금의 배상 거부 이유로 배상 시효가 지났다고 하는 안행부의 사고에 대하여 다시 한번 생각해 주실 것을 강력하게 건의 드립니다.

* 본 사건은 1951년도 2월 사건으로 지금의 농업통계가 1999년 1월 정식통계청이 발족되기 전의 일어난 사건이

고, 배상 시효법도 제대로 만들어지기 전에 일어난 사건
으로, 이것을 소급적용하여 배상 시효가 지났다고 거부
권까지 행사하는 것이 과연 <u>사리에 정당합니까?</u>

(5) 국민의 대표기관인 국회에서 2번씩이나 국회를 통과한
특별 법률임

  1995. 12. 18. 14대 국회에서 특별법이, 2004. 3. 2. 16대 국
회에서 보상특별법이 통과된 바 있습니다.

* 시효가 지났다고 하여 특별법으로 국회를 통과한 비정치
적인 법률을 '국가 재정이 많이 소요되고, 국민의 공감대
부족'이라는 이해할 수 없는 사유를 들어 거부권을 행사
한 노무현 정부 당시를 도저히 이해할 수가 없습니다.

(6) 지금 우리나라는 세계적인 경제 대국이고 인권 신장 국
가가 아닌가?

  우리나라는 세계 250여 개 국가 중에서 인권 신장으로 보
나 경제 발전으로 보나 세계 12위 정도의 경제 선진국에 속
하는 것은 주지의 사실입니다.

  그러나 인권 민주국가를 자임하면서 위와 같이 말씀드린
내용 등으로 보아 이제는 거부권 행사할 당시보다 12년이
나 흘러, 모두가 <u>거부권 행사의 사유가 100% 해소된 것이
명백한 지금, 국회는 정부는</u>, 대한민국 국군이 양민을 무참

하게 1,000여 명을 학살한 사건을, 늦었지만 서둘러 본 사건을 처리하고 세계적 인권역사에 크게 대서특필 되고, 일본에 대하여서도 당당히 인권으로 짓밟힌 위안부 할머님들의 해결을 더 당당하게 요구할 수가 있을 것으로 주장합니다.

2016년 7월 25일

사단법인 산청·함양 사건 양민희생자 유족회,
이사장 정재원, 이사 민수호 외 유족 730명 드림.

감사하는 (유족회 활동)

학창 시절도
중년 시절도
신중년 시절도
억울한 할아버지 죽음을
캐내던 일들이

국회로 동아일보 신문사로
눈 부릅뜨고 사업 돈 벌어
쏘다니며 읍소했던 일들이

어찌 이내 몸 혼자서
할 수가 있었겠는가?

백 번을 머리 숙이고
천 번을 허리 숙여도
수백만 번을 감사해도
부족한

엎드려 두 손 모아
정성을 대해도
사랑이 하늘땅만큼의
어머니 아버지 할아버지의
바람[望]이었을

하늘 같은 사랑만큼이나
과분한 지금의 삶은

그것은 바로
위령탑 아래 조용히
서 있는 존재입니다.

호강

공원에서 해송의
소나무를 보니
개나리 노란 꽃을 보니
내 눈이 호강한다

수평선 위의 봄날 속에서
기분 좋은 생각을 하니
내 마음이 호강한다

송정 죽도 공원 신선의 공기를
마시니 온몸이 호강한다

돌고 또 도니
발바닥, 신발이 호강한다

내가 쓴 글을 읽어 주는
그대 있으매
내 이름은 호강한다

나는 이런 호강 속에서
참으로 행복한 인생의

오늘이 가고
내일이 오는구나.

방곡리에는

산청 함양 사건 추모공원 원혼들
여기저기 호소하며 지켜주는
방곡리와 천왕봉의 함성을

수만 명 수백만 명이
전쟁을 모르나
평화를 모르나
이념의 빨치산을 모르나
반달곰을 모르나

억울하게 총살당한
산청 함양 사건을 모르나

21m 원혼소생 위령탑은
지리산 속살 깊은
파란 구름 위를 관통하니

흐르는 소리
들리는 소리
외치는 소리

지리산 발 영등포구 의사당 앞
담아 눈물 지워서
정부청사로 청와대로 걸어간다

60년간 몸에 붙은 아픈 가시도
함성에 붙은 지리산 원혼들을
인권으로, 형평성으로 결단하여라

마사지 문지르듯
마음으로 가슴으로 말이야

억울하고도 외로운
지리산의 소리를
천왕봉과 방곡리의 소리를
사랑의 인권역사로 거두어 주어야!

운명 정재원

51년 정월 초이틀
7곱 살 때 총 3발 맞고도 살아남아

지리산 기슭 방곡리를 떠나
배고파 굶주리고
머슴 등등으로 어린 시절

어른 되어 수산 사업 떵떵거려
방곡리에(초등교) 물심양면
천사처럼 보살펴서
사랑했던 지리산이 고향인
방곡리 방곡 마을

산청 함양 사건 유족회 회장
억울하다 분통하다
우리는 양민이다
무슨 죄로 다 죽였는가
나라여
705명 원혼을 달래주라!

두 주먹 불끈 쥐며 유족회를 이끌고
산청 함양 사건 추모공원
유별나게 파란 방곡리 하늘 아래
원혼소생 위령탑이 우뚝 서고
이것이 운명이고,
이것이 정 회장

아~
참으로 골골한 가슴 어루만지며
60년을 되돌아본다
정당한 이 세상에 응어리 풀고 용서를
가슴으로 저장하며 운명으로 숨겨 둔다.

* 1951년 2월 7일(정월 초이틀) 산청 · 함양 사건이 발발 45년 후인 유족회 정재원 회장과 민수호 수석부회장, 유족회 이사님, 지역사회 강정희 님 등 산청군청 등이 같이 힘 모아 추모공원이(2만오천 평 150억) 국비 사업으로 건립됨 글. 2012. 4. 15.

지리산을 품고 살아온 산청 · 함양 사건

1951년 2월 7일
민족의 대명절 설 정월 초이튿날 새벽! 06시!!
고동재, 중머리재, 넘어온
대한민국 국군 제11사단 9연대 3대대 2중대-
거창에서 넘어와 산청군 금서면 구아 부락에서 한 밤 자고
(최 청년)
포악한 살인마가 된 중대장 등 수철리에서 한 밤 자고
가현 부락 도착하여 양민 몰살하라는 [견벽청야 작전 명령]
수행하려고

정월 초이튿날 가재 부락 논들에다 줄 세워 모아놓고,
방실 부락 논들에 줄 세워서 모아놓고,
점터 부락 개울가 논들에 줄 세워 모아놓고,
서주 부락 논들에 눈 감겨서 줄 세워 모아 놓고 ,
맨 먼저 가재 부락 논들에서 타! 탕! 땅! 땅! -78명
두 번째 방실 부락 논들에서 타! 탕! 땅! 땅!-173명
세 번째 점터 부락 논들에서 타! 탕! 땅! 땅!-28명
네 번째 유림면 서주 부락 논들에서 타! 탕! 땅! 땅!-107명

아버지, 어머니, 형님, 동생, 아들, 딸
아무 힘없는 노약자, 어린이 2살, 7살, 영문도 모르고
총살당하고 아비규환 생지옥!
총알 맞은 채 얼굴 아래에 자식을 끌어안아
숨을 거두면서도 아들은 살려내고
아~ 45년간 숨죽이며 살아왔다
숨죽인 채 산청 함양 지리산 끼고 산 것이 죄인이라
지리산 낀 산청 함양 대한 국민의 무정한 45년

한숨 쉬고 악쓰는 진동 소리에
문민정부 탄생으로 1996년 1월
유족회 악쓰는 함성, 진동 소리에, 역사에 굴복하여
법이 공포되고 진상조사, 진상 파악
지리산 껴안고 살아온 사실밖에 없는 산청 함양 국민
억울하게 총알 맞고도 구천을 45년간 헤맨 불쌍한 국민
산청 함양 유족회가 인정한다 705명
대한민국 정부가 인정한다 386명
대한민국 정부가 인정한다 관련유족 732명

지독한 함성으로,
지독한 뜀박질로 대한민국 국회를 들락 십수 년
추모공원이 지킨다
추모공원이 보초를 선다
반드시 지킨다 지리산을 지킨다
산청 함양 억울한 영혼이
산청을 지킨다 함양을 지킨다
경상남도를 지킨다
대한민국을 용서와 사랑으로 지킨다

선량했고, 착했던 산청 함양 양민희생자 386위!
용기 있는 732명 관련자가 합동으로
반드시 지킨다 반드시 지킨다.

東西가 화합하고, 南北이 화합하고,
이제는 용서와 화합이다
여기 산청 함양 사건 추모공원을 들어서면 용광로가 된다
민족의 염원인 평화가 시작 되는 시발점이 바로 여기다
산청 함양 지리산 명당에 자리 잡은 추모 공원이여~ 포옹이여~
바로 여기 오시는 임이여!

우리 민족 아픈 역사 녹이는 용서와 사랑과 화합의 용광로
가 된다
산청 함양 사건 추모공원 용광로가.

합동추모合同追慕

해마다 그날은 머리를 고정하고
두 눈을 지그시 감는다
64년 전의 1951년 2월 7일
지리산 아래 산청과 함양 사건이 있었다

사람은 사람인데 힘없는 사람
힘은 없어도 순진무구한 사람

마구잡이로 탕탕탕해도
누구 한 사람
항거할 줄도 몰랐던 양민들!

옹기종기 모여 농사밖에 모르고
낮이 되면 농사짓고 밤이 되면 잠자고
전쟁 중에도 부역으로
군인들 밥해 나르고 했는데,

65년이 지난 지금은
저렇게 말없이 조용한 위령탑
파란 추모공원뿐이네

똑소리 나는 관리님들 모셔 놓고
영령들을 위로하고, 그 가족들을 위로하고
해마다 똑같은 좋은 말씀만 돌고 돈다

메르켈 총리 같은 영웅 출현을 기대하면
지나친 욕심일까 허영심일까?
힘센 그룹은 모두 다, 잘도 살면서

* (사) 산청·함양 사건 유족회.

2015. 11. 6 합동 위령 추모식에 붙여.

추천 축하의 말

정재원
사단법인 산청·함양사건 양민희생자 유족회 회장,
운명 숫자의 비밀 저자.

　푸르던 실록의 계절에 사랑하는 민수호 유족회 이사(시인)가 첫 시집 『멀구슬』을 낸다고 하여 들여 다 보니, 평소에 생각하지 못했던 문학적 시인의 글들에 다시 한번 놀라게 되었다.

　산청이 고향인 우리 선후배들은 지리산 필봉산 왕산 아래 나름대로 고향의 사랑과 순수함으로 열심히 정진하고 있음에 감사하고, 기쁘고 찬사를 보낼 일이다.

　유족회 활동에도 열정이 넘치고, 금서초등학교 총동문회 활동에도, 고향의 선후배 사랑과 고향 발전의 활동에도 몸 사리지 않는 저자에게 아낌없는 찬사와 격려를 보냅니다.

산청 금서하면, 누가 뭐라 해도 구형왕 능과 방곡 마을에 있는 산청 함양 사건 추모공원의 한 서린 서하 역사를 머리에 가슴에 안고 사는 고향 이지만, 앞날의 미래에는 이 나라를 선도하고 이끌어 갈 큰 인물 후손들이 우리 고장에서 탄생될 것이라고 감히 예측 하며, 아울러 앞으로 민수호 시인의 더 좋은 글과 활동이 있으시길 기대를 합니다.

  진정으로 훌륭한 첫 시집 『멀구슬』 발간을 축하 합니다.

고향 공동체의 서정과 역사
- 민수호 시인의 시세계 -

강희근
한국문인협회 부이사장(현), 문학박사, 시인, 국제펜클럽 한국본부 부이사장 역임(제78차 세르비아 국제대회 한국대표 참가), 국립 경상대학교 교수 정년퇴임.

1.

민수호 시인은 산청 출신이다. 산청군 금서면 주상리에서 태어나 부산에 나가 살다가 지금은 그 태어난 자리로 돌아와 산다. 산청 사람이라는 말이 맞다. 그가 이번에 첫 시집 『멀구슬』을 발간했다.

민수호는 1970년대 초반 필자가 낸 첫시집 『연기 및 일기』가 나왔을 때 진주농림전문대학 재학생이었고 학보사 기자로서 이 『연기 및 일기』를 대학신문 1면 하단에 커다랗게 광고를 내어 필자를 놀라게 해주었었다. 그런 뒤 부산에서 새마을금고 이사장을 할 무렵에 시를 쓴다는 소식을 듣고 또 한 번 나를 놀라게 해주었다. 그러나 필자는 그때의 하단광고를 떠올리며 민 시인이 오래전부터 시심을 간직하고 있었던 것이라는 생각을 하게 되었다.

민수호는 그 사이 부산에서 경성대학교 경영대학원을 나왔고 여러 일에 종사하면서 경호건설 대표이사, 경산세라믹 산청공장 사장 등을 거쳤고 산청과는 산청·함양 양민학살사건 양민희생자 유족회 수석이사 등의 활동을 통해 계속해 인연의 끈을 대어놓고 있었다. 거기에다 금서초등학교 총동문회 회장을 역임하면서 고향 산청의 일에 발 벗고 나서서 관이 하지 못하는 '서하향토사' 발간이라는 업적을 남겼다. 지역의 역사를 정리한다는 마인드는 그냥 어떻게 하다 보니까 생겨나는 것이 분명 아닐 것이다.

  필자는 이런 그의 이력을 확인하면서 그와 산청, 그리고 그와 산청의 아픈 역사가 시에서 어떻게 형상화되었는지를 살피고자 한다. 시집을 읽는 이유이다.

2.

  민수호 시인은 어린 시절의 추억을 〈참새 추억〉에다 담았다.

> 어릴 적 1960년대 중반
> 아침이면 부모님이
> 새 보러 가라고 깨운다
>
> 눈 비비고 일어나 가을 논배미로
> 새 보러 나간다
> 참새들은 아침 일찍부터
> 벼가 익기 전 무렵의
> 하얀 즙밖에 없는 벼를
> 잘근잘근 씹어서 배를 채운다

어린이는
참새 떼들을 후여, 후여
깡통 줄을 흔들어대며
새 떼를 쫓던 시절이
머릿속에 눈 속에 선하다

그때나 지금이나
똑 같은 나락(벼)인데
세월은 조용한 시골 논 뜰을
바둑판으로 정리된 트랙터 길로
발전(진화)시켜 놓았다

참새떼를 쫓던 어린이는
참새들의 배고픔을 알 수가 없었듯이
하얀 벼즙 맛만큼이나
순진했을 참새 떼들

지금은 똑 같은 배고픔을
어디 가서 채우며 살아가고 있을까
알 수가 없구나

나뭇가지에 올라 앉아
휘청거리는 즐거움으로
재잘대며 살아가고 있을까

- <참새 추억> 전문

 어린 시절 새 보던 추억이 눈앞에 펼쳐진다. 1960년대 중반에 어린이는 부모님의 명령에 따라 아침 논배미에 나가 후여 후여 깡통 줄을 흔들며 새를 쫓는다. 허수아비도 논

가운데나 논두렁 어딘가에 서 있었을 것이다. 그런데 세월이 흘러 지금의 논은 트랙터로 바둑판처럼 정리가 되고 참새 떼들은 집단으로 와서 벼즙을 빨아먹지 않는다. 그들이 어디로 갔을까. 어디로 가서 배고픔을 채우고 있을까. 이 추억은 아직 산업화되지 않았던 농촌의 풍경을 말하고 있다. 참새 떼가 살아가는 방식과 그들을 쫓아보내던 사람들의 방식은 다르지만 배를 채우기 위한 지향은 같았을 것이다. 화자에게는 그때의 새들이 어느새 그리움의 한 풍경이 되어 있다. 그때의 어린이들의 고향 참여의 길로는 새 보는 것과 소 먹이는 것이 있었다. 거기다 못줄 잡아 주는 것도 그 하나였을 것이다. 추억은 언제나 새롭게 다가오는 것이라서 힘들게 쫓고 힘들게 보는 일들이 지금은 통틀어 그리움이 되는 것이리라. 화자는 어른이 되고 참새가 어떻게 사는지를 더불어 생각하는 자연공동체의 일원이라는 자각에 이르고 있다. 산청 사람으로서의 자각인 셈이다.

산청의 근대적 농경생활은 다음 시에서도 드러난다.

  6 · 70년대 논에 물을 확보하는 길은
  엄천강 물 막아 모내기를 하던 시절 있었지
  통신 시설 하나 없었던 시절
  목소리 큰 보대감이 유일한 알림 수단

  간선 마을 먼당에서 이른 아침
  "개터보 막으로 오소-"
  "개터보 막으로 오소-"
  수십 차례 목이 터져라 외쳐대고 사라진다

비가 하도 많이 와갖고
보의 돌들이 떠내려갔기 때문이다
아, 개터 봇물로 쌀농사 짓는 수답 가진 농민은
우쭐히 자랑삼아 흥얼대고

천수답 쌀농사 짓는 농민은 목줄 태우고
한숨 지며 하늘만 쳐다보다가 하지를 넘어
겨우 모내기를 마치는 게 허다하였으니.

지금은 한국농어촌공사로 발전되어 관리되니
위장 몸 속으로 들어갈 쌀농사, 본전도 안 되지만
봇대감의 '개터보 막으로 오소' 이 목소리는
영원히 들을 수가 없다
                    - <개터보> 전문

  산청의 몽리민들은 상류에 보를 막아 아래쪽 그네들의 논에 물을 끌어들여 농사를 지었다. 민 시인의 마을 주상리 사람들이 막았던 보는 〈개터보〉이고, 그 아래 생초면 사람들이 막았던 보는 〈곰내보〉였다. 지리산 북쪽 기슭에서 내려오는 엄천강(경호강)이 가장 범람했던 때는 병자는 수파 때이고 그 이후에도 크고 작은 홍수를 만나면 돌로 쌓은 보가 떠내려가기 일쑤였다. 그때마다 동네 봇감독은 동산에 올라가 큰 소리로 외쳤다. '개터보 막으로 오소.'라는 외침이 그것이다. 물대어 농사짓는 사람(몽리민)들은 한 집에 한 명씩 차출되어 보를 쌓았다. 산청에서 태어난 사람들이 통과하는 어린 시절은 그들의 추억의 창고에 쌓일 것이지만 민 시인처럼 시를 쓰는 사람들에 의해 그 추억은 하나의 보물처럼 담겨 있을 수 있다. 추억은 기억으로 되살려지는 것이고 생활이 달라지는 오늘에 그것은 덕담처럼 농촌 공동체의 족보가 되어줄 것이다.

    초록 냄새 깊은 산속
    텃밭 가꾸는 농막 귀퉁이에

    좋은 공기, 투명 이슬 다 마시고
    향기 쏘며 윙크 보내온
    이름 모를 야생화

    하던 일 멈추고 눈 마주치니
    자기 향기 같이 나누자고
    어서 와라 재촉하며
    노랗게 웃는다

    녹색 짙은 6월 산 속에서
    노란 이름 야생화

    묵묵히 풍기고
    웃음 주며 나누는
    자연의 지킴이
    노란 야생화.

                        - <산에 핀 야생화> 전문

    인용 시는 지리산 야생화와 어울리는 화자의 기쁜 한때를 노래하고 있다. 텃밭 가꾸는 농막 귀퉁이에 난 야생화가 향기 같이 나누자고 윙크해 오고 웃음을 나누며 자연 속으로 들어가는 자연 귀일의 서정이다. 현대는 문명사회이고 그 사회는 각자가 각자로 핵분열되는 시대다. 그런 시대를 사는 사람 중에서 자연 곁에서 자연을 받아들이는 사람은 일단 행복한 사람이다. 민 시인은 행복한 한때를 날것 상태로 들어가 현장 중계하고 있다. 지리산과 산청, 자연과 강물이 지천으로 화답하는 곳은 평화와 누림의 한 배경일 수 있다. 지금은 여름, 휴가철의 피크에 놓여 있는 시기이다. 야생화가 '어서 와라' 재촉하는 것처럼 화자가 독자를 향해 어서 와라 소리치고 있다는 느낌을 준다.

  민수호 시인 그는 부산에서 성장 이후의 시기를 보낸 사람으로서 이런 긍정적인 삶의 세계를 지니고 있다는 것은 기이한 일로 보이지만 그러나 그는 태생이 산청이라는 점을 유의해 볼 수 있다. 그는 야생화만 사랑하는 게 아니다. 마을에 지나다니던 거지 '진식이'도 그리워한다.

    지난 세월 70년대 인기의 거지가 있었다
    진식이는 언제 세상을 작별했을까? 아무도 모른다
    아침 저녁으로 왼손을 떨덜 떨면서
    코멍어리 소리로 '밥 좀 주시셔'하며 까무잡잡한 얼굴로
    주기적으로 이 동네 저 동네를 다니던 진식이 생각이 난다

    ……………

    집집이 다닌다 그 많이 얻은 밥을 어디에다 저장했을까?
    1주일이나 1달이나 지나며 교대로 호별 방문을 하며 구걸
    을 하였다

철저히 갔던 집은 피해 다니며
밥 이외는 아무것도 요구하지도 않았다

진식이가 생각난다
세상이 하늘처럼 땅처럼 많이 변하였어도
70년대 순수한 거지, 착한 거지, 인기의 거지
지금은 천연기념물 같은 진식이가 생각난다
- <진식이>에서

 진식이라는 거지는 산청 일대에 정기적으로 다니던 동네 사람들의 아끼는 거지였다. 왼손을 덜덜 떨면서 어쩌다 각설이타령을 하기도 하는, 얻어먹는 천사로서 동네 아이들의 놀림감이었지만 오히려 동네 아이들과 함께 어울리는 존재였다. 오래 보이지 않을 때는 동네 사람들이 걱정을 했다. 어디 가서 얼어 죽었을까. 병이 나서 비명횡사했을까. 한 마디씩 걱정을 했다. 그러다가 나타나면 대환영이었다. 사람들은 이런 때 강원도까지 갔다 왔을 것이라는 둥 경북의 안동까지 갔다가 왔을 것이라는 둥 저마다 추측을 하곤 했지만 밝혀진 바는 없었다. 거지는 '밥 좀 주이서'라는 말 말고는 보태는 말이 없었기 때문이다. 시의 화자는 끝에다 "다시 태어나면 손 떨지 말고 부잣집 아들로 태어나라"고 권한다. 풍속이 착한 거지를 받아들이고 동네의 식구로 인정해 주는 그런 미덕을 용인하는 것이었다. 민수호 시인은 야생화와 어울리는 것처럼 거지와도 어울리는 것이 농촌 고향의 기본임을 풀어내고 있다.

3.

　민수호 시인은 마침내 귀향했다. 아버지 어머니가 묻혀 있고 유년이 살아서 추억으로 돌아오는 산청으로 귀거래 한 것이다.

　　산과 들과 하늘과 땅은
　　지구 어디를 가도 무수히 많지만
　　여기는 천연기념의 산청이다

　　산청은
　　브랜드 '산엔청'이 되었고
　　'산엔청'은 고령토의 보고가 되어
　　흙의 가치 200조가 묻혀 있나니

　　고속도로 IC가 3개나 있는
　　건강한 산, 물 맑은 '산엔청'이라
　　살기 좋은 대한 10대 고장이구나

　　너도 나도 은은한 미영열매
　　향기 따라 줄기도 신선한
　　산청으로

　　저녁 지을 무렵의 산에서 본 추억들
　　수줍던 꿈과 버무린 하얀 연기 속에는
　　왕산, 필봉산, 당그래산이다

　　산이 좋아 청을 사랑하고
　　섬기며 가득한 '산엔청' 속에는

부자 산청은 모락 모락 커 간다
　　　　　　　　　　 - <산청 귀거래> 전문

　인용 시는 민수호 시인이 고향으로 돌아온 것을 신고하는 시다. 천연기념물 산청으로 돌아왔는데 그 산청은 고령토의 보고이고 건강한 산과 물로 살기 좋은 대한 10대 고장임을 내세운다. 목화의 은은한 향기가 있고, 왕산, 필봉산, 당그래산이 있고, 그래서 사랑하고 섬기는 곳으로 왔다는 것이다. 귀거래사는 원래 도연명이 관직을 버리고 귀향하면서 쓴 시가 원형이다. 이래 조선시대에는 관직을 던지고 자연으로 돌아가는 것을 제1가치로 쳤다. 산청으로 돌아온 남명 조식은 산청을 제2의 터전으로 삼아 귀거래한 경우이다. 그가 돌아와 이룬 시편이나 경의 사상은 귀거래함의 표본으로 삼아도 무방하다 할 것이다. 민수호는 시인으로서의 귀거래에 방점이 찍히는 것일 터이다. 산청과 이웃 함양은 조선 선비들의 유림문학으로 우뚝 서 있다. 그 가운데에 지리산이 놓여 있음은 더 말할 나위가 없다. 그는 할 일이 시 짓기 외에 더 할 일이 있다. 그 부분은 다음 장에서 거론할 것이다.
　민수호의 귀거래 현장을 보자.

　　　수천 년 보내고 맞이하는 세월이지만
　　　장동의 마을은 항상 그 자리이다
　　　봄이 오면 밭농사 논농사 양파농사 출발이고
　　　신중년 이상이 대부분인 주상리 마을에는

트랙터 이앙기 경운기 소리가 새벽을 가른다

오현이 양반, 영규 양반, 80이 넘었는데도
아들딸 도시로 시집 장가 잘 보내고
주상리 고향 마을이 천직이라 여기고
흙하고 이야기하며 세월의 희망을 쏟다
저녁이면 마을회관에서
(쌍효댁, 자리댁, 절터댁, 손실댁, 화산댁, 이장댁, 안심댁,
무량실댁, 살묵댁, 생초댁)

아들딸 자랑도 하고
아침이면 근심 걱정없이 흙을 향해 일을 나선다
수확할 가을을 생각하며 즐겁고 행복하다
하늘을 붙잡고 자라는 벼랑 고추, 콩, 들깨, 참깨 들이
귀엽고 사랑스러워 새벽잠 깨어나면 대화를 한다

대대로 이어져 오는 오늘의 농산물 먹거리들은
천년만년 없어질 수도 없는 우리들의 생명줄
사람이 먹고 사는 희망의 끈, 애당초의 삶터다
고구마 줄기가 싱싱하게 커 가듯
잘 살아가는 장동의 부자 마을이다

- <주상 마을> 전문

    인용 시는 귀향 후의 고향 마을의 현주소를 보여준다. 밭농사 논농사를 바탕으로 하는 농촌에 트랙터 경운기 이앙기 소리가 새벽을 가르는 풍경이라는 것이다. 8순이 넘은 동네 어른을 거명하고 마을회관에 저녁이면 만나는 할머니 세대들의 택호를 호명한다. 이들은 하나같이 아들딸 자

랑에 바쁘고, 아침이면 흙을 향해 일하러 나간다. 벼, 고추, 콩, 들깨, 참깨 들이 사랑스러워 대화를 나누고 세월의 희망을 쏘고 있다고 현장 중계하듯 고향 마을의 전일을 소개한다. 주상리는 산청군 금서면 주상리이다. 서켠 허리로 엄천강이 흐르고 개터보에서 흘러 들어온 물이 기름진 들녘을 적셔주는 곳이다. 강 건너는 함양군 유림면이고 그 곁에는 휴천면이 지리산 자락을 붙들고 있다. 화자는 이곳을 희망의 끈이라 부르고 부자 마을이라고 부른다. 정말 글자대로 부자 마을일까? 아닐 것이다. 민수호 시인의 인생관이 부자라는 데 착목해 있다는 것으로 볼 수 있다.

민수호 시인은 근본을 잊지 않는 시인이다. 돌아가신 부모를 생각하는 면에서 그러하다.

1)
골똘히 생각하다가 생각한 것은
짚으로 꼰 새끼줄 하나 생각해 냈다

눈에 보이지도 않는 세월이, 그리움이, 사랑이
눈 뒤에 꼬깃 꼬깃 숨어 버렸다

어린 시절 시골 살 적에 아버지가 농사일에 쓰려고
새끼를 팔자내기로 꼬는 것을 생각해 냈다
새끼는 꼬는 숙달된 기술이 눈에 선해서
아버지가 생각 속으로 풍덩 숨는다

육십갑자 한 바퀴 돌아 넘는 지금에야
해가 위세 떨치며 뜨고

달이 자존심 거두듯 지는
자연의 법칙인 것처럼,

가족을 필사적으로 사랑했구나
늦게나마 눈 이슬 적시며 고해성사를 한다
                          - <아버지 사랑> 전반부

2)
누구나 자기 어머니는 있다
누구나 어머니에 대한
무수한 이야기 추억은 다르다

보릿고개 어렵던 초등시절부터
사라호 태풍으로
논바닥에서 싹이 난 보리 시절

오봉골짝에 보리쌀 두어 되
새끼 멜빵으로 지고 가던 시절
새재 산에 양재기 도시락 싸서
땔나무 해 나르던 시절,

범천 방아실에 나락 한 가마니 지고
방아 찧어 나르던 시절
논배미에 장군 지고 오줌, 인분 퍼 뿌리던 시절
산에 가서 땔나무 해서 머리에 이고 오시는데
지게 갖고 마중 나간던 시절,
                          - <어머니 생각>에서

1)은 아버지에 관한 추억이고 2)는 어머니에 관한 추억이

다. 아버지는 새끼를 잘 꼬아 가마니를 매는 데 썼는데 그 새끼줄이라는 인연의 끈을 읽어내는 시인의 눈이 매섭다. 그리움이나 사랑이라는 것도 다 그 새끼줄에 이어져서 아직 그 끈이 생각키는 자리에 아버지가 계시는 것이다. 끈으로 동여매인 식구들은 필사적인 아버지의 사랑의 인력 안에 있다는 것이다. 2)에서 어머니는 가난했던 시절, 오봉골 오르내리며 짓던 농사일의 최전선이었다는 생각을 하면서 화자는 눈시울이 붉어진다. 어머니는 그냥 집안일이나 돌보던 여인이 아니라 새재 산에 양재기 도시락 싸서 땔감나무를 겨날랐던 맹렬 일꾼이었던 것, 논배미에 장군 지고 오줌, 인분 퍼 뿌리던 상머슴이었다는 것 등을 떠올리며 화자는 눈시울 붉힌다.

그런 눈시울로 해가 뜨고 달이 뜨던 주상 마을에 시인은 귀환한 것이다. 어쩌면 의식의 사각지대를 돌다가 돌아온 한 사람 성서 속의 탕자인 것이다. 집 나갔던 자식이 돌아왔으니 아버지 어머니는 저승에서라도 살진 송아지 한 마리 잡고 동네잔치를 벌일 것이다. 동네 장상들도 부르고 자식의 친구들도 부르고 거기 떠돌이 진식이도 불러 막걸리에 쇠고기 국밥 한 그릇씩 돌릴 것이다. 주상 마을은 지금부터 더한 사람 사는 따뜻한 마을이 될 것이다.

4.

민수호 시인은 이렇게 귀환했다. 그는 이제 새벽이라고 쓰고 새벽에 서 있는 셈이다.

싸늘한 초겨울 밤에는
　　앞산 소나무도
　　앞산 상수리나무도

　　자기 수직 본능으로
　　춥지 않은 척 잘난 척
　　말없이 묵묵히 서 있다

　　저녁이 지면 아침은 오는데
　　나이 적고 많고 간에
　　새벽은 날마다 오고 가는데

　　내 인생의 새벽은
　　언제 어떻게 오고
　　가는 것일까

　　　　　　　　　　- <새벽에> 전반부

　새벽을 준비하는 사람은 날마다 오는 그 숱한 새벽을 붙들기 위해 앞으로 나갈 수밖에 없다. 그러나 그 길에는 숱한 어려움이 엎드려 있을 것이다. 나무들이 수직 본능으로 춥지 않은 척하고 있지만 사실은 본능 이상의 비바람을 견뎌야 하는 것이다. 그것을 잘 아는 사람이야말로 새벽에 설 자격이 있다 할 것이다.
　민수호 시인은 저 6·25 공간에서 있었던 산청 함양 사건의 비극적 전말을 잘 알고 있다. 그는 그 유족회의 전위에 서서 몇십 년을 명예회복과 배상법 통과를 위해 헌신해 오고 있다. 그러는 동안 복마전 같은 국회의 문턱을 신발이

닳도록 드나들었고 이제 배상법 발의와 그 통과가 지난한 구비를 지나 다시 새로운 언덕을 눈앞에 두고 있음을 감지한다. 그는 말이 안 통하는 선량들과 맞짱을 뜨기도 했고, 집단 이기주의에 편드는 학자라는 이름의 비본질적 행태에도 맞짱을 떴다. 알 것은 다 알고 무엇이 어디에 걸려 있는지도 잘 안다. 그래도 그에게는 지금이 새벽이다. 〈방곡리에는〉의 절규를 읽어본다.

산청 함양 사건 추모공원 원혼들
여기 저기 호소하며 지켜주는
방곡리와 천왕봉의 함성을

수만 명 수백만 명이
전쟁을 모르나
평화를 모르나
이념의 빨치산을 모르나
반달곰을 모르나

억울하게 총살당한
산청 함양 사건을 모르나

21m 원혼소생 위령탑은
지리산 속살 깊은
파란 구름 위를 관통하니

흐르는 소리
들리는 소리
외치는 소리

지리산 발 영등포구 의사당 앞
담아 눈물 지워서
정부청사로 청와대로 걸어간다

60년간 몸에 붙은 아픈 가시도
함성에 붙은 지리산 원혼들을
인권으로, 형평성으로 결단하여라

마사지 문지르듯
마음으로 가슴으로 말이야

억울하고도 외로운
지리산의 소리를
천왕봉과 방곡리의 소리를
사랑의 인권 역사로 거두어 주어야!
- <방곡리에는> 전문

   인용 시는 1951년 2월 7일에 있었던 '산청 함양 양민학살 사건'에서 희생자 705명, 희생자를 위한 배상법이 통과되기를 염원하는 시다. 번번이 국회 법사위원회 계류까지 가서 좌절되어온 배상법을 하루속히 해결해 달라는 절규이다. 이 절규는 과거사 정리 차원에서 국회는 눈치 보지 말고 처리하라는 것이 염원의 골자이다. 민수호는 이 법의 통과를 위해 법 발의를 하는 유족회의 이사로 활동해 왔고, 그는 유족 중에서도 가장 전문적인 식견을 가지고 투쟁하고 있다. 그는 귀향하여 사건의 현장인 방곡리, 가현리, 점촌리, 서주리 등을 돌면서 지리산이 아직 평화가 아님을 신발 바닥으로 확인하고 있다. 그가 지리산 자락 고향 주상리로 귀 거래한 것은 역사의 고된 짐을 지고 새벽처럼 달려나가기 위해서이다. 이를 확인하면서 시를 무기로 시를 언덕으로 시를 선언의 헌장으로 써 나가기 위해서다. 그가 가는 길이 그 혼자의 길은 물론 아니다. 유족들이 있고 후원자가 있고 헌법이 있고 국가가 있다. 국가 없는 국민이 어디 있는가. 그 말을 하기 위한 그는 국민이다.

5.

이렇게 민수호 시인은 국민으로서 산청 사람이다. 농경 사회의 자락에서 살았던 유년의 추억을 사랑하고 지리산 야생화의 정서에 혼이 가 있는, 그래서 귀거래로 시를 붙들고 부모의 사랑과 이웃이 살아 있는 고향으로 귀환했다. 서정 시인으로 거듭나리라는 결단을 보인 시인이다. 그러나 가슴에는 역사를 쓰고 억울한 희생자의 눈물에 눈물로 사는 정의로운 사람이다. 그 길에 서서 그는 새벽을 그의 새벽으로 만들고자 한다. 전쟁의 상흔이 아픔이지만 과거사는 정리되는 것이 옳다는 신념으로 그는 붓을 갈고 백지 위에 굵은 글자를 쓸 것이다. 민수호는 시인으로도 족한 귀환이지만 그 위에 공동체 정신으로 고향 주상리를 가꾸어 나가리라. 고향은 둘도 없는 사랑이고 둘도 없는 평화가 되어야 하기 때문이리라.

민수호 시집
멀구슬

인쇄: 2016년 8월 18일
발행: 2016년 8월 25일

지은이: 민수호
펴낸이: 최경식
펴낸곳: 도서출판 청옥문학사
인쇄처: 세종문화사

출판등록 제10-11-05호
E-mail: kyu500@hanmail.net
전화: 051-517-6068

값 10,000원

ISBN 978-89-97805-53-2 03810

이 도서의 국립중앙도서관 출판시도서목록(cip)은 서지정보유통지원시스템 홈페이지 (http://seoji.nl.go.kr)와 국가자료공동목록시스템(http://www.nl.go.kr/kolisnet)에서 이용하실 수 있습니다.(cip2016019739)

* 이 책의 무단전재 및 복제행위는 저작권법에 의거, 처벌의 대상이 됩니다.

'부(富)'를 부르는 숫자!

행운의 숫자를 분석하는 부자들의 습관

숫자의 비밀 81가지를 알면 '재물'의 흐름도 안다!

전국서점 베스트셀러

◆ 저자 정재원 : 신정음양연구회 회장
산청·함양사건 희생자유족회 회장

《운명 숫자의 비밀》책을 잡으세요!

놓치면 다시오기 힘든 **단 한번의 기회**가 지나갈 수 있습니다.
운명이 **확** 바뀝니다!

운명은 정해져 있지 않다!

저자는 온 몸에 세 발의 총알을 맞고도 살아난 기적 같은 운명의 소유자다. 하지만 불운으로 점철된 기구한 삶에 순응하지 않고 운명의 비밀을 풀어내며 운명도 결국엔 노력하는 자의 편이라는 사실을 우리 모두에게 말해준다. 저자가 세계 최초로 개발한 행운의 숫자를 만드는 비법, 각자가 사용하는 숫자들의 길흉을 풀어볼 수 있는 81운수법과 불용문자를 책에서 만나보자. 그가 예언한 미래는 어떤 모습인지 찾아보는 것도 흥미로울 듯하다.

 상상나무 | 정재원 지음 | 432쪽 | 값 12,900원

※ 지금까지 모르던 숫자의 세계! 기회는 늘 기다리지 않습니다

좋은 숫자를 가진 사람은 건강과 행복, 장수를 누리지만 **나쁜 숫자**를 지닌 사람은 일이 잘 풀리지 않고 건강도 약해지며 심지어 단명할 수도 있다	**어긋난 인생길**과 **고된 삶**에서 여전히 벗어나지 못하고 있다면, 잘못 쓰고 있는 숫자는 없는지 의심해 보자. ★부자와 거지는 주민등록번호부터 다르다 ★비밀번호 0000 절대로 쓰지 마라 ★자동차번호를 더해 9,10,20이 나오면 대흉(大凶)	**이미 결정 난 운명은 없다!** 부, 건강, 성공······ 간절한 소망이 이루어지는 놀라운 경험! 핸드폰번호, 전화번호, 자동차번호, 은행 비밀번호등 내 운명을 지배하는 숫자의 비밀을 만나보자.

신정인당
www.sinjeung.com

구입문의 (02)765-4724~5
국민 018-21-0786-330(예금주:정재원)